共生社会のアトリエ

大阪大学大学院人間科学研究科
附属未来共創センターの挑戦

大阪大学大学院人間科学研究科附属未来共創センター 編

大阪大学出版会

大阪大学大学院人間科学研究科附属未来共創センターがつくる「場」

人間科学研究科附属未来共創センターは、社会と大学の連携を目指して、二〇一六年四月に設立されました。これまで、高校生や一般の方々にご参加いただきながら、さまざまなイベントや事業を展開して参りました。

発足時、人間科学研究科内の連携組織として運用をはじめ、二〇一九年には人間科学未来共生博士課程プログラムを内部化しました。この人間科学未来共生博士課程プログラムは、二〇一二年に文部科学省による「博士課程教育リーディングプログラム」の複合領域型に採択された「未来共生イノベーター博士課程プログラム」を基盤としています。本書では人間科学未来共生博士課程プログラムと未来共創センターの取り組みをまとめています。

私たちは、社会における大学のあり方が問われる時代に、学術研究が社会にとってより身近に感じられるように、社会のために、社会と共に、そして社会の支援を得ながら、未来を共に創る道を歩んでいきます。

奇しくも、未曾有の社会危機の時期にあたり、大学は身を低くして社会から多くを学ぶべきかと考えます。私たちの活動に関心をお持ちいただく方々の忌憚のないご意見を伺いながら、少しでもよい未来に貢献できるように努力いたします。

大阪大学大学院人間科学研究科附属未来共創センターセンター長　山中　浩司

目次

はじめに

本書のタイトルを『共生社会のアトリエ』としました。わかったような、わからないようなタイトルだと思われる方もおられるかもしれません。しかし、何となくですが、いい雰囲気はすると思います。

アトリエとは、「工房」。試行錯誤しながら、価値のあるモノをつくっていく場所です。よってたかって、共生社会の実現のためにみんなで何かやろう。その舞台となるのが大阪大学大学院人間科学研究科附属「未来共創センター」です。

1. 未来共創センターとは

本書の刊行母体である「未来共創センター」とは、大阪大学大学院人間科学研究科附属の施設です。二〇一六年四月にオープンし、今年で創設五年目を迎える、社学連携・社学共創をモットーとする研究・教育・実践施設です。

まず、人間科学研究科の歴史から紹介しましょう。その母体となったのは、一九七二年に産声をあげた大阪大学人間科学部です。折しも一九七〇年の万博が終わったあとの大阪は、高度経済成長の頂点にありました。大阪大学のメインキャンパスである豊中キャンパスに位置する文学部の先生方のなかから、社会学・心理学・教育学を専門とする教員たちが、あたかも「脱藩」するような形で、今は吹田キャンパスと呼ばれる万博跡地周辺の敷地に新設したのが、「人間科学部」でした。旗頭となった「人間科学」という耳新しい用語は、science humaine というフランス発の理念からきたものです。二〇二二年には、人間科学部は創設五〇周年を迎えることになります。なお大学院人間科学研究科は、数年後の一九七六年に設立されました。

今でこそ、「人間科学」という名称はあちこちで使われるようになっています。「大阪人間科学大学」という私立大学も設置されているほどです。今から半世紀前は、大学の学部の名前と言えば、「法学部」「経済学部」「医学部」「理学部」などと短く、歯切れがよいものでした。「人間科学部」という五文字の学部名はとても珍しいもので、一体それは何だという感じで迎えられたことでしょう。今では、大学学部の名称は十文字を超えるようなものまであり、今昔の感があります。

さて、開学以来、人間科学部・人間科学研究科（以下、「人科《じんか》」と略）は、文理融合・学際性・国際性・実践性をモットーとして、教育・研究活動にまい進してきました。大学の内外で独自の地歩をしめ、今日では、全国的にも唯一無二の存在感を放つようになってきています。

その人科が、新たなる一歩を踏み出したのが、二〇一六年のことでした。それまで半世紀近くの歴史のなかで何度かあったことですが、改めてこの年に、人科史上何度目かの組織改革に打って出たのです。その改革の二本柱が、「共生学系」というユニットの創出であり、「未来共創センター」という施設の設立でした。ひとことで言うなら、この改革の趣旨は、人科の研究・教育の実践性をより高めることにありました。換言すると、社会とのつながりを強化し、現実の社会問題の解決・改善に資するような研究・教育を一層進めていこうと考えたのです。

2. 本をつくろう！

この「はじめに」を書いている私・志水は、二〇〇三年から人科に勤務しており、二〇一八〜二〇一九年度の二年間にわたって未来共創センター長を務めました。それに先立つ二年間（二〇一六〜二〇一七年度）は、中道正之初代センター長のもとで、センターは草創期を過ごしました。組織体制を整え、いくつもの事業がスタートしましたが、その時期の特徴をひとことで言うなら、「大学の知の社会発信」であったと言えます。二代目センター長となった私は、二年間を拡大期と捉え、センターの事業を多面的に発展させ、「社会と大学との協働による知の創出」をセンターの目標として設定しました。

大阪大学では、大学の知を三つのタイプに分けて捉えています。第一は、「専門知」。それぞれの学問領域・専門分野で日々生み出される専門的知識のことです。通常「大学の知」とは、この専門知のことを指します。第二に、その専門知をベースに、学問間の交流・融合を通じて生み出される知を「統合知」と言っています。人間科学部が長らく目指してきたのが、この統合知であったとも言えます。そして第三に、「共創知」。これは、大学の知と現場の知（さまざまな生活・実践の場で生成・蓄積されている知）を組み合わせ、かけあわせることによって創出される知のことです。センターの草創期には、専門知や統合知を社会に向けてわかりやすく発信することが重視されました。その上に立ち、拡大期には、さまざまな社会的アクターとのかかわりのなかで、共創知の創出に取り組みたいと考えたわけです。

この本をつくろうという発想は、そうしたセンターとしての試行錯誤のなかから生まれました。要するに、本書は、センター発足後四年間の活動の総まとめとして出版されることになったということです。ありていに言うなら、「私たちのアトリエの内部をありのまま見てください」ということです。

ところで、先に述べた二〇一六年の組織改革以来、「共生」と「共創」という二つの言葉をどのように関連づけて考えればよいかという問いに、しばしば思いをめぐらせてきました。いろいろな答えがありうるでしょう。私自身、「共創知」の創出にこだわってきたわけですが、何のために共創知をつくるのかという問いの答えはそれほど自明なものではありません。専門知や統合知の洗練を図ることこそが大学の役目ではないかと言われると、そうかもしれないと思う自分がいました。

しかし、最近になって、ようやく次のことに気づきました。「そうか、私たちが共創しようとしているのは、理想の社会、すなわち共生社会なのではないか。そう考えると、うまく辻褄が合うのでは！」。大学人が社会のさまざまな人々と共に創り上げていくべきは、本当の意味での共生社会なのではないか。その時、「共生」は創るべきもの（what）であり、「共創」はそのやり方やプロセス（how）を指します。つまり、共生と共創の関係は、what と how の関係なのです。

どうでしょう。納得していただけるでしょうか。以下では、「共生」と「共創」という二つのキーワードについて、今少し私自身の考察を展開しておきたいと思います。

3. 共生って?

未来共創センターとともに人科に立ち上がったのが、「共生学系」というユニットです。従来の「行動学系」「社会・人間学系」「教育学系」に並ぶ四つ目の学系として、現在では人科の教育・研究の基礎ユニットとなっています。私自身も、現在は共生学系のスタッフの一人です。

人科に共生学系が立ち上がる大きなきっかけとなったものに、「未来共生プログラム」(本書二七頁注1参照)があります。これは、文部科学省博士課程教育リーディングプログラムの一環として「多文化共生社会の実現に資する博士課程人材の育成」を目的として二〇一二年度に大阪大学に設置されたもので、私は、そのコーディネーターを務めました(二〇一二~二〇一八年度)。このプログラムは二〇一九年度から未来共創センターに移管され、現在も活動を継続中です。

未来共生プログラムが生み出し、現在では共生学系に引き継がれている、理想の共生社会のあり方を、私たちは次のような図式で把握しています。

$$A + B \rightarrow A' + B' + \alpha$$

この時、Aは社会のマジョリティであり、Bはさまざまに想定されるマイノリティ(複数形)です。望ましい共生のあり方とは、両者の出会い・相互作用によって、「Aも変わる。Bも変わる。そして新たな価値なり制度なり(α)が生まれる」というものです。言い換えるなら、共生とは、それぞれの生を送る個人なり集団なりがかかわり合い、新たな社会をつくっていくことです。差別・抑圧が支配する関係、相互に切り離された生を送る関係、時に傷つき、傷つけることもある関係、相互依存によって何とか生き延びようとする関係……。いろいろな関係がありえますが、私たちは、「お互いがお互いに敬意を払い、それぞれの違いを超えて共に生きていくこと」を、本当の意味での「共生」だと考えています。

つきつめて言うなら、学問をするのはよりよい社会を築くためであり、その社会の理念型が上に述べたものだということです。そして、人科の共生学系に集う私たちは、そうした社会を実現するために日夜、地道な調査研究活動、そして社会のさまざまな人たちとの協働活動に携わっているということになります。

私たちは、これからつくりあげる共生学を、以下の三つの側面を持つものとして捉えようとしています。

フィロソフィー（哲学）：共生とは何かを追究する
サイエンス（科学）：共生に向けて社会の現実を理解する
アート（技術）：共生を実現するための手立てを考える

通常、学問はサイエンスの部分で把握されることが多いですが、サイエンスする前に、「共生とは何か」「それはいかにして可能となる（ならない）か」をつきつめる必要があるでしょう。でないと、科学は「科学のための科学」に終始してしまう恐れがあります。すなわち、フィロソフィーのないサイエンスは空虚なものとなりやすい。他方で、サイエンスによって実態を解明・説明された社会の実態や課題は、「どうすれば共生を実現できるか」を実践的に追究するアート（方法・やり方や技術）によって対処されなければなりません。なぜなら、現象を説明するだけでは共生社会は実現せず、それに向けての工夫・努力を通じてこそしか、そちらに近づいていく方途はないからです。フィロソフィー・サイエンス・アートの三位一体によってこそ、さまざまな共生の課題に対する「解」を導き出すことが初めて可能となります。

4．では、共創とは？

「共に生きる」と「共に創る」。「生きる」という語と「創る」という語の大きな違いは何でしょうか。それは、「生きる」は自動詞であり、「創る」は他動詞であるということです。私たちは、共に何を創るのでしょうか。

もともと「共創」という日本語は、どうやら産業界で使われ始めた言葉のようです。その際に「創る」ことが想定されているのは、「新製品」や「新しいサービス」です。また、ビジネスの世界では「新たな価値を創造する」といった言い方がなされることも多くあります。つまり、もともと共創という言葉は、新しい商品やその背景となるべき新たな価値観を生み出すイノベーションやさまざまなアクターの協働活動を指すために誕生したのです。それが、近年大学の世界にも導入され、一種のはやり言葉となっています。先に述べた「専門知」→「統合知」→「共創知」という大阪大学が打ち出している図式も、おそらくそうした動向の影響下にあるものだと見ることができます。

すでに述べたように、私たち人科に集う者たちが創りたいと考えているのが「共生社会」です。前節で示した式の「α」の部分を、さきほどは「新たな価値なり制度なり」と表現しました。その把握は、上の段落で述べているものと等しいものです。まとめるなら、私たちの目標は共生社会の実現です。そして、その目標を達成するための手段が「共創」ということになります。

先に共生学は、フィロソフィー・サイエンス・アートの三つの側面からなると述べました。それとつなげて考えるなら、「共創」活動は、「共生のアート」と名づけるものと大きな重なりを持つと位置づけることもできるでしょう。

未来共創センターは、大学内外のさまざまな人々が、希望に満ちた未来（それを私たちは「共生社会の実現」という語で把握しようとしている）を共に創り上げていくための協働活動に携わる場所です。本書で展開されるのは、その具体的な姿なのです。

5. 未来共生イノベーター博士課程プログラム（未来共生プログラム）

さて、未来共創センターに二〇一九年度から参入したのが、未来共生イノベーター博士課程プログラムです。

未来共生イノベーター博士課程プログラムは、文部科学省「博士課程教育リーディングプログラム」のひとつです。これは、日本の大学院教育をテコ入れするために、具体的には広く産官学にわたりグローバルに活躍する博士課程修了者（グローバルリーダー）を輩出するために、創設されたものです。二〇一一年～二〇一三年にかけて、全国で六二のプログラムが採択されました（そのなかの五つが、大阪大学内のプログラム）。養成される人材像に応じて、プログラムは「オールラウンド型」・「複合領域型」（「環境」「生命健康」「安全安心」など）・「オンリーワン型」の類型に分かれます。本未来共生プログラムは、複合領域型（「多文化共生」）の一つで、そのカテゴリーに属するプログラムは、大阪大学のほかに、同志社大学・金沢大学・東京大学・名古屋大学・広島大学の六大学に設置されています。

未来共生プログラムに参画する研究科は、全部で八つ（文学研究科・法学研究科・経済学研究科・人間科学研究科・国際公共政策研究科・言語文化研究科・医学研究科・工学研究科）。さらに学内の三つの教育研究施設（コミュニケーションデザイン・センター、グローバルコラボレーションセンター、国際教育交流センター）が参画し、全学体制での事業推進がなされてきました。

未来共生プログラムは「教育プログラム」です。次章でも説明するように、グローバルリーダーを育てるために私たちは大学の「専門知」だけでは難しいと考えました。そこで、関西圏の行政・企業・市民団体など実に六〇以上の団体と連携することで、これまでにない大学院生を育てることを目指してきました。結果的に、履修生は国際ＮＧＯや国家公務員、外務省、グローバル企業、大学教員、ＮＰＯなど多様な組織・団体に羽ばたいていきました。

先述したように、未来共創センターは人間科学研究科の改革の目玉の一つです。そこでは、所属するスタッフが理念を持って「共創」や「共生社会の実現」を目指すことになりますが、大学である以上、学生の育成も重要な使命です。そこで私たちは「共生社会の実現」に資する教育プログラムとして未来共生プログラムを未来共創センターに組み込み、積極的に継承・発展していくことを目指したのです。

6．本書の構成

本書は、大きく分けて二つのパートから成り立っています。

この「はじめに」に続く第一部「地域で共生の諸課題の解を探る」は、二〇一二年からスタートした未来共生プログラムの活動を展開していくなかでご縁のできた諸機関・組織を扱うパートです。ここでは特に未来共生プログラムの履修生がカリキュラムの前半で取り組む被災地での学びと地元阪神間での学びを紹介します。大阪大学は、その研究・教育活動を通じて、「地域に生き　世界に伸びる」ことをモットーとして掲げてきました。未来共生プログラムでは、このモットーにもとづき、すべての学生が身近な場所において「多文化共生」の実践を学ぶことを大切にしてきました。この理念に共感を寄せてくださったパートナー団体は、地方自治体・各種団体・ＮＰＯ・学校など多岐にわたっており、活動の中身も多種多様です。それを、「被災地で学ぶ」「地域にこだわり、地域であゆむ」「貧困・排除と向き合う」「共に生きるってなんだ」「差別に抗う」という五つのテーマのもとに整理し、共生社会実現に向けての取り組みを教員スタッフや大学院生たちの活動を交えつつ記述しました。未来共創センター関係者だけでなく、現場の方にも筆を執ってもらいました。なぜなら、未来共生プログラムは、履修生や大学教員だけでなく、現場の方々と共に創りあげてきたものだからです。

後半の第二部「場を創りだし、みなで対話する」では、本センターがＯＯＳ（大阪大学オムニサイト）協定のもとで新たな関係を育みつつある諸団体との協働活動についてまとめました。ＯＯＳとは、「社会の諸アクターとの協働を通じた共創知の創出」を目指して設置された枠組みであり、センターの社学連携の取り組みの中核をなします。第一部と同様、協定先の種別は、企業・行政機関・NPO・一般社団法人などと多彩です。「防災・減災・復興の場」「まちづくりの場」「そだちの場」「大学という場」という四つのテーマを設定し、共創の現場の今を捉えようとしました。

これまで述べてきたように「共創」は、「共生のアート」と名づけるものと大きな重なりを持つと位置づけることができます。私たちの「共生のアトリエ」では、さまざまな共生のアートが創り出されています。繰り返し強調したいことは、共生のアートを大学だけでなく、現場のアーティストとともに取り組んでいるということです。第一部及び第二部では、私たちが取り組む共生のさまざまな技法やアートを紹介しています。これらを参考に、共生のアートが全国各地で取り組まれることを私たちは願っています。

本書の刊行にあたっては、大阪大学出版会からの全面的なサポートを得ることができました。また、一般社団法人日本道経会には財政面での援助をいただくことができました。ここに記して、感謝の意を表します。

志水　宏吉

第一部

地域で共生の諸課題の解を探る

——大阪大学未来共生イノベーター博士課程プログラム

未来共生プログラムとプラクティカル・ワーク[1]

RESPECT――〝他者への敬意〟が創造する「新しい多文化共生社会」

「はじめに」でも述べたように、文部科学省は、二〇一一年度より「博士課程教育リーディングプログラム」をスタートさせ、専門分野の枠を越えた博士課程前期後期を通した一貫したプログラムにより、俯瞰力と創造力を備えたイノベーター育成を支援し始めました。なかでも多文化共生社会という複合領域型プログラムは全国で六件採択され、そのうちの一件が大阪大学で取り組まれた「未来共生プログラム」（以下、プログラム）です。

現代社会では、グローバリゼーションの名のもとに、国境の壁を超えて、人・モノ・カネ・情報が絶え間なく、しかも迅速かつ大量に行き来しています。そのなかで重要な社会的要請として浮かび上がってきているのが、「多文化共生社会の実現」という課題です。日本では、多文化共生を「国籍や民族などの異なる人々が、互いの文化的なちがいを認め合い、対等な関係を築こうとしながら、地域社会の構成員として共に生きていくこと」と捉え、入出国管理・労働・教育・福祉・社会参画・まちづくり等の分野での施策の見直しを図っていますが、グローバル化時代に未来を見据えた「多文化性」を考える際には、国籍、民族、言語、宗教といった狭義の文化的属性のみならず、性差や世代間、病・障害歴などによる社会的な背景の違いなども

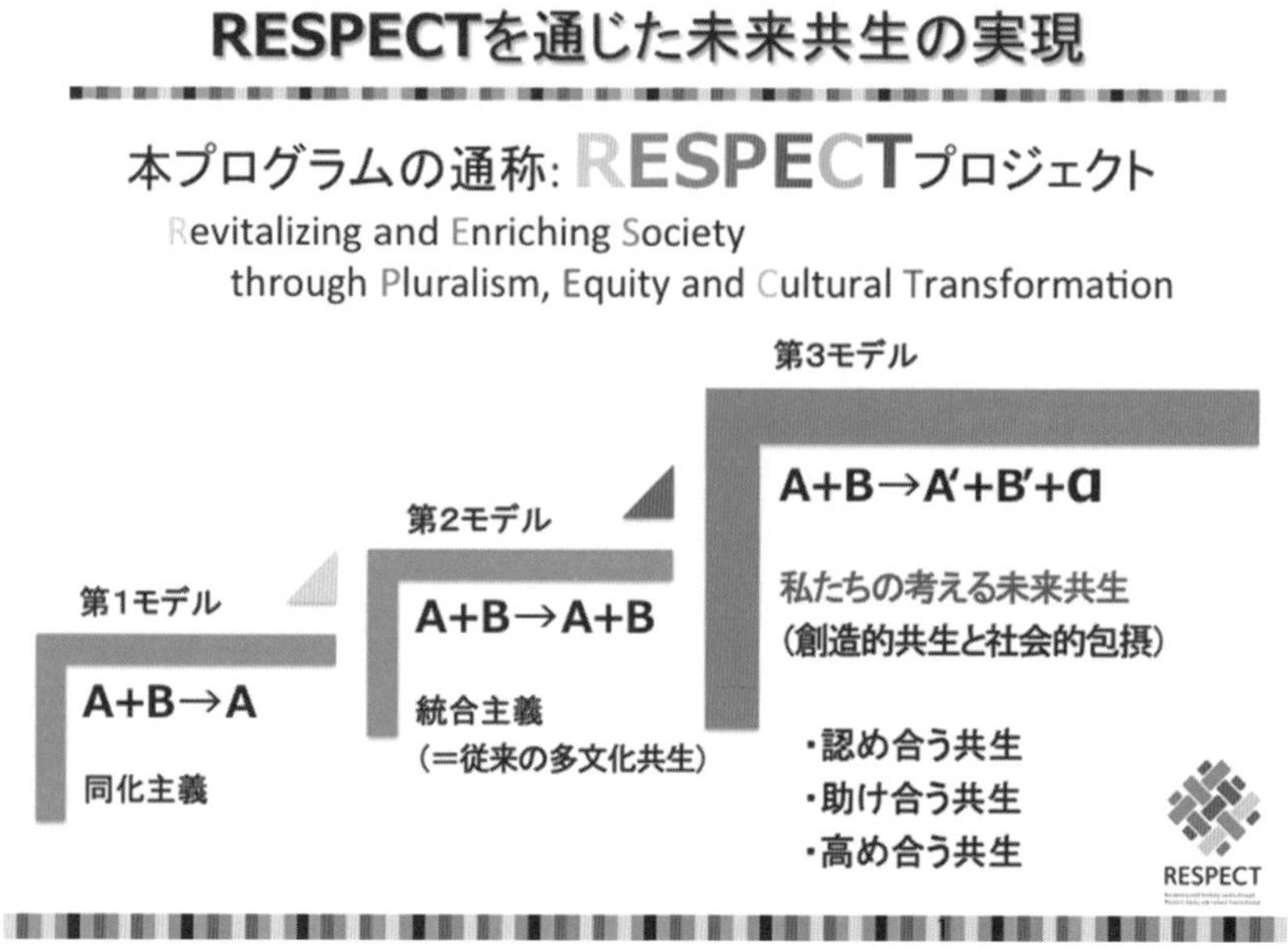

含め、多様なアイデンティティを有する人々の間での共生の課題も考えなくてはなりません。プログラムでは、こうした共生の諸課題を現実社会から見出し、積極的に取り組むことができる人を育てることを目的としました。

望まれるのは、自らのコアとなる専攻分野で博士レベルの高度で先端的な専門的知見を高めると同時に、他者に対する深い理解を伴う敬意(respect)にもとづき、「多様で異なる背景や属性を有する人々が互いを高め合い、共通の未来に向けた斬新な共生モデルを具体的に創案・実施できる知識・技能・態度・行動力を兼ね備えた研究者・実践家」である「未来共生イノベーター」です。

他者への敬意を通じた多文化理解と社会革新を促すプログラムは、「RESPECT(Revitalizing and Enriching Society through Pluralism, Equity, and Cultural Transformation)プロジェクト」と称されています。その目指すところは、上の図に示されるように、同化・統合的なものを超えてすべての人に変革と新たな価値を生みだす「認め合う共生」「助け合う共生」「高め合う共生」社会なのです。

多文化コンピテンシーを育成するカリキュラムとコースワーク

プログラムでは、「フィールド」「多言語」「コミュニケーション」「政策」「調査」「グローバル」という六つのリテラシーから形成される「多文化コンピテンシー」の育成を目的としました。カリキュラムは、共通のコースワークと独自の研究を行うリサーチワークに分けられ、さらにコースワークはアカデミックワークと、プラクティカルワークに分けられます。

コースワークでは、座学的な講義を中心としたアカデミックワークを一～二年次に重点的に配置し、中でも、独自に開発された三ヶ国語の初歩を学ぶ多言語プログラムが展開されているほか、英語プログラムでは、習熟度別授業と個別指導を組み合わせて一年次の夏休みに海外や国内において特別な英語研修（必修）を実施し、二年次までには海外の大学の授業に参加できる英語力をつけます。

アカデミックワークの内容は、プログラムの特徴の一つであるプラクティカルワークと連動しています。共生の課題を解決していくための解は、現実社会の中にしか存在しないものであり、実践の現場とつながりながらその行動を求められるところで生み出されると考えられ（石塚・榎井　二〇一七）、この理念のもとに積み上げられてきたのがプラクティカルワーク科目群でした。

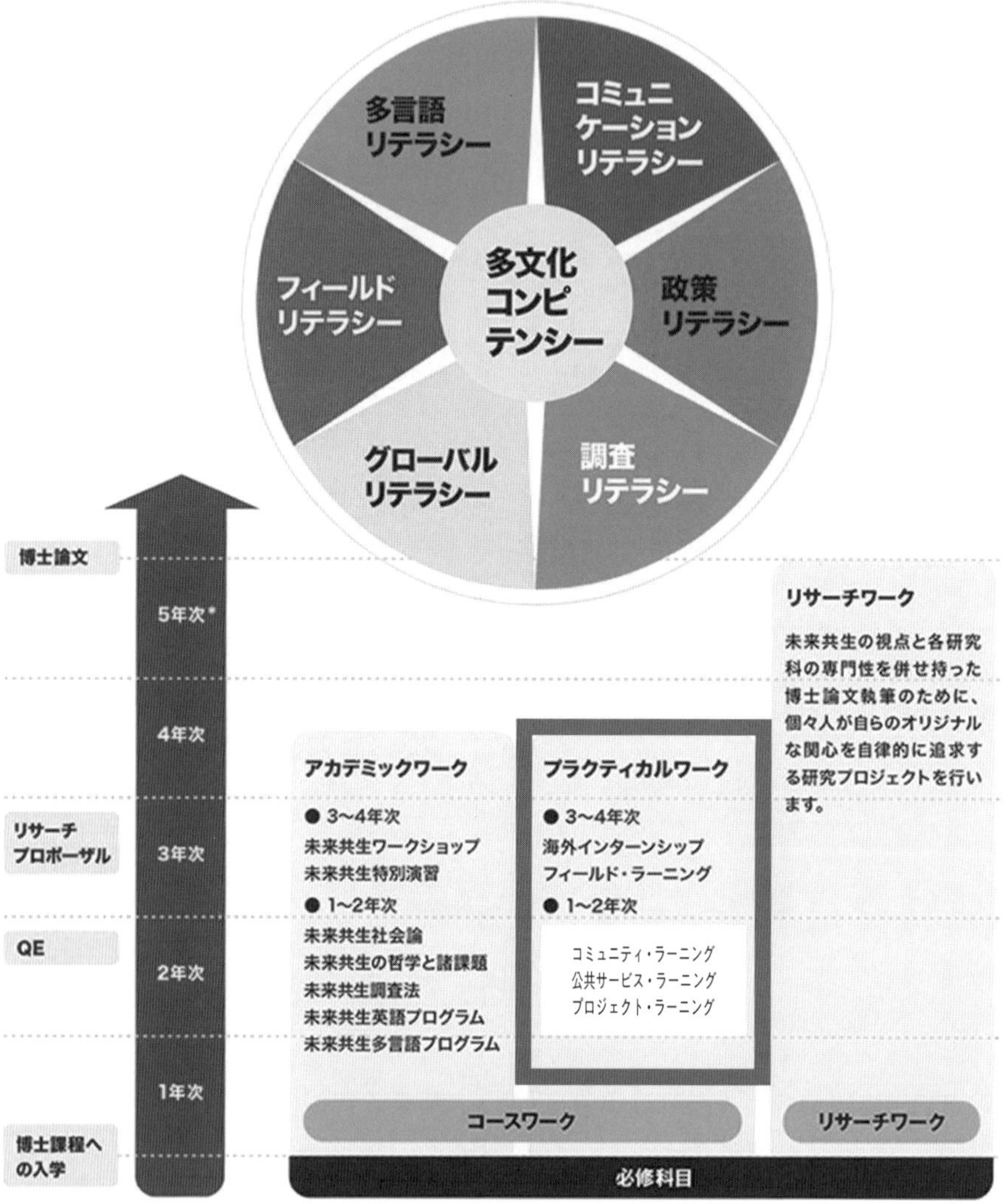
多言語
リテラシー
コミュニ
ケーション
リテラシー
多文化
コンピ
テンシー
フィールド
リテラシー
政策
リテラシー
グローバル
リテラシー
調査
リテラシー
博士論文
5年次*
4年次
リサーチ
プロポーザル
3年次
QE
2年次
1年次
博士課程へ
の入学
リサーチワーク
未来共生の視点と各研究科の専門性を併せ持った博士論文執筆のために、個々人が自らのオリジナルな関心を自律的に追求する研究プロジェクトを行います。
アカデミックワーク
● 3〜4年次
未来共生ワークショップ
未来共生特別演習
● 1〜2年次
未来共生社会論
未来共生の哲学と諸課題
未来共生調査法
未来共生英語プログラム
未来共生多言語プログラム
プラクティカルワーク
● 3〜4年次
海外インターンシップ
フィールド・ラーニング
● 1〜2年次
コミュニティ・ラーニング
公共サービス・ラーニング
プロジェクト・ラーニング
コースワーク
リサーチワーク
必修科目
カリキュラムとコースワーク

プラクティカルワーク科目群

カリキュラム上でプラクティカルワークとされる科目群は次のとおりです。コミュニティ・ラーニング（一年次夏休み）は、東日本大震災の被災地域のコミュニティに入って実践的な活動を通して学びます。公共サービス・ラーニング（一年次後期）およびプロジェクト・ラーニング（二年次前期）は、大学周辺の自治体、学校、ＮＰＯなどの協力のもとで、多文化共生の現場における実地研修を軸とした学びです。修士を終えてＱＥ(2)を通過した後期博士課程初年次の海外インターンシップ、翌年次の自らのキャリアを考えるフィールド・ラーニングが必修とされ、そのほか選択としてそれらの総合的な力を駆使したソーシャル・アクションⅠ・Ⅱという、プログラムの科目として設定されてきました。

こうしたプラクティカルワークの科目群では、学生たちが大学外のさまざまな実践の場に赴き、現場の人々と関わり、信頼関係を築くことを通して課題解決に向けて行動することを重ねていくことで、イノベーターとなるための多文化コンピテンシーを獲得することを目的としています。

特にその基盤づくりのために重要視してきたのが、次節以降で紹介するコミュニティラーニング、公共サービス・ラーニング、プロジェクト・ラーニングの三つです。本書の第一部で主に取りあげるのは、この三つの科目実施を通じて関係性が構築された国内のさまざまな現場なのです。

コミュニティ・ラーニング

コミュニティ・ラーニングは、東北被災地におけるコミュニティの復興を現地の人とともに考えることを目的として始められました。被災地に実際に出向き、被災状況をはじめ地域の歴史と社会的成り立ちを理解し、現地の人々との対話や協働活動など、おおよそ一〇日間の実習を行ってきました。

具体的には、プログラムの担当教員（志水宏吉、渥美公秀、稲場圭信）が二〇一一年三月一一日の東日本大震災以降、それぞれ宮城県南三陸町、岩手県九戸郡野田村、宮城県気仙沼で行ってきた活動を受けて始められました。とくに、岩手県九戸郡野田村には大阪大学の教員・学生が復興、交流活動に継続的に参加していたこともあり、プログラムのサテライトオフィスも開設されました。

現場での学びは貴重ですが、負担をかけ一方的に学び何も返すことができない危険性もあるため、慎重に丁寧に、被災地と一緒に考えながら、試行錯誤を重ねました。

被災地の復興過程の中、毎年八月に、宮城県南三陸町、気仙沼市、岩手県野田村という三地域で行ったコミュニティ・ラーニングは、履修生、教員、大学にさまざまな財産を培いました。履修生には、「共生」を現場で考える第一ステップとなり、現場の人々に寄り添い、他者に対する深い理解を伴う敬意（respect）をもって研究活動を行う大切さへの気づきとなりました。教員には「授業として短期間の滞在で、被災地に寄与できるか」と何年もかけて地域と共に創る新しい授業のあり方の発見となりました。そして、大学には、社会をよりよく変革する研究を共に行うパートナーとして信頼関係を結ぶことができ、地域と大学の新たな連携の在り方を示すものとなりました。

野田村の受け入れ窓口・サテライトの協力者の貫牛利一（ＮＰＯ法人久慈観光協議会専務理事）は、未来共生プログラムの外部評価委員としてコミュニティ・ラーニングについて二つの点を評価します。一つ目は学生たちが、被災地に入って「できないこと」を知り、対応力や適応力を身につけることこそがリーダーを養成するということです。二つ目は、現場へ向き合う、時間も含めた丁寧な姿勢です。フィールドワークは、結果としてリスクを背負った地域や現場の中から得られるそれぞれの地域の人の声、生の声、本当の声を引き出す時間をもつ必要性があります。その丁寧さは野田村全体に感じられ、村の高齢者たちは学生からエネルギーをもらい、その後も繋がり続ける学生もいます。

年度	受け入れ先	履修生の報告書題名
2013 8.17-8.27	宮城県南三陸町 宮城県気仙沼市 岩手県野田村	つながりの「種」を描く 「隔たり」と共に生きる 協同的実践への挑戦―「のだむラジヲ」を通じて―
2014 8.4-8.12	宮城県南三陸町 宮城県気仙沼市 岩手県野田村	未来へのメッセージ ―志津川小学校避難所それぞれの59日間 「つながり」の繋がり 震災と復興を考える ―「協働」の姿勢からみえてきたもの
2015 8.2-8.12	宮城県南三陸町 宮城県気仙沼市 岩手県野田村	志津川小学校避難所記録保存プロジェクト ―いかにして避難所はつくられ、避難所は人々に何を与えたか 「つながり」の広がり 震災から4年を経た野田村の今 ―6人の眼を通して見えてきたもの
2016 8.17-8.25	宮城県南三陸町 宮城県気仙沼市 岩手県野田村	志津川小学校避難所自治会記録保存プロジェクト ―震災5年目の南三陸 東日本大震災から5年、気仙沼の現状と課題 野田村の現状と課題 ―山向こうの私たちがみた野田村の今
2017 8.18-8.27	岩手県野田村	野田村を歩く ―復興とトレイル
2018 8.17-8.26	岩手県野田村	歩み続ける野田村 ―アジア民族造形館からのバトン
2019 8.17-8.25	岩手県野田村	村の誇りを育む ―震災から9年目を向かえる野田村における新たな復興の在り方
2020 8.28-8.30 9.18-9.20	岩手県野田村 （オンラインによる訪問）	あの日から10年、野田村の想い ―改めて考える野田村でのフィールドワーク

表1　コミュニティ・ラーニング実施状況

公共サービス・ラーニング

夏期のコミュニティ・ラーニングを皮切りにして、日常生活に戻り、実際現場に出向き、実践の中に身を置きながら本格的な学びを始めるのが、公共サービス・ラーニングです。共生の諸課題に取り組む大阪を中心としたローカルな〝足元〟がその現場となります。

受け入れ現場は、毎年、履修生(3)の関心事を尊重しながら、教員とプログラムが開拓し積み上げてきたもので、八年間で述べ一〇〇近い箇所があげられます。そのカテゴリーは大きく分けて、①役所などの行政や男女共同参画センターや国際交流センター、社会福祉協議会や人権関連センターなど行政の外郭団体などの公共団体や施設、②公立小中学校・高等学校、国際学校や民族学校など学校関係、③NGO・NPOなどの市民活動団体や財団や任意団体など、となっています。また、組織や団体の活動分野としては、まちづくり、福祉(高齢者、障害者)、ジェンダー・男女共同参画、多文化共生(外国人支援)、国際交流・国際協力、格差・貧困、差別、健康・病、マイノリティ、人権、公害・災害・防災など多岐にわたっています。

履修生たちは、現場から共生の諸課題を見出すというタスクを背負い、ほぼ何もわからない状態で足を運びます。自身の無用性も含めた体験を仲間とシェアしながら活動を続けます。そして期間が終了した際には最終報告会を行うとともに意見交換を重ねた上で報告書をとりまとめ、年度末に受け入れ先の担当者を招き、成果発表会を行いますが、受け入れ団体と履修生、大学の三者が互いに交流する場ともなっています。

履修生へは、現場での奮闘ぶり、課題への関心、主体性、積極性、正確性、自主性、丁寧な姿勢等が、受け入れ当初からの変化として評価されました。また受け入れ団体自体も、刺激を受けたり学びの機会を得た

年度	受け入れ先　＊は複数受け入れ
2013	大阪市港区役所、茨木市立郡山小学校、豊中市立野畑小学校、大阪府立門真なみはや高校、(社福)豊中市社会福祉協議会、(一財)アジア太平洋人権情報センター、(一財)大阪市男女共同参画のまち創生協会クレオ大阪、(一財)とよなか男女共同参画推進センターすてっぷ、(特非)プラスアーツ、(特非)FACIL、フェアトレード雑貨エスペーロ、Minami子ども教室、大阪人権博物館リバティ大阪、コリア国際学園、北大阪朝鮮初中級学校
2014	大阪市港区役所、豊中市立野畑小学校、大阪市立長池小学校、大阪市立南小学校、大阪府立西成高校、枚方市保健センター、茨木市立市民文化部人権男女共生課豊川いのち・夢・愛センター、(特非)日本災害救援ネットワーク、(特非)神戸ユニバーサルツーリズムセンター、(特非)こえとことばとこころの部屋ココルーム、MASH大阪、関西沖縄文庫、ラブとよネット
2015	大阪市港区役所、大阪市立長池小学校、豊中市立桜井谷小学校、(社福)豊中市社会福祉協議会*、(一財)アジア太平洋人権情報センター、(一財)とよなか男女共同参画推進センターすてっぷ、(公財)大阪国際交流センター i–house、(公財)とよなか国際交流協会、(公財)アジア協会アジア友の会、(公財)吹田市文化振興事業団メイシアター、(特非)関西NGO協議会、(特非)コリアNGOセンター、(特非)子どもの里
2016	大阪市立市岡中学校、箕面市立萱野中央人権文化センターらいとぴあ21、(公財)大阪YWCA、(公財)公害地域再生センターあおぞら財団、(一財)とよなか男女共同参画推進センターすてっぷ、(特非)コリアNGOセンター、(特非)子どもの里、(特非)こえとことばとこころの部屋ココルーム、(特非)おおさかこども多文化センター、MASH大阪、関西沖縄文庫、しょうないガダバ*、とよなかESDネットワーク、北大阪朝鮮初中級学校
2017	箕面市立萱野小学校、大阪府立西成高校、(公財)箕面市国際交流協会、(公財)とよなか国際交流協会、(特非)ZUTTO若者居場所ぐーてん子ども食堂、(特非)クロスベイス、豊中市桜塚校区福祉会おしゃべりサロン「なかよし」、しょうないガダバ、北大阪朝鮮初中級学校
2018	大阪市港区役所、大阪府立刀根山支援学校、大阪府立西成高校、(特非)おおさかこども多文化センター、(特非)CHARM、団欒長屋、とよなかESDネットワーク、北大阪朝鮮初中級学校
2019	箕面市立萱野小学校、(公財)大阪国際交流財団OFIX、(公財)大阪国際交流センター i–house、(一社)タウンスペースWAKWAK、(特非)関西NGO協議会、(特非)ZUTTO若者居場所ぐーてん子ども食堂、豊中市桜塚校区福祉会「小さなくりの木会」
2020	滋賀県立大津清陵高校馬場分校、大阪市立天満中学校夜間学級、豊中市立第四中学校夜間学級、豊中市立野畑小学校、(公財)大阪国際国流財団OFIX、(公財)アジア協会アジア友の会、(公財)箕面市国際交流協会、(公財)とよなか国際交流協会、(公財)吹田市文化振興事業団メイシアター、(公財)公害地域再生センターあおぞら財団、(一社)タウンスペースWAKWAK、(一財)豊中男女共同参画推進センターすてっぷ、(特非)関西NGO協議会、(特非)コリアNGOセンター、(特非)はっちぽっち

表2　公共サービス・ラーニング実施状況　　下線は本書でとりあげているもの

り、具体的な提言を受けて自らの活動の見直したというものもありました。

もちろん組織・団体の形態や体制の複雑な文脈までの理解は困難です。寄附や助成金があって活動が成立するようなＮＧＯ・ＮＰＯや、ミッションの一方で公共に資する制約がある公益団体等への履修生の理想主義的な見解へは厳しい意見もある一方、将来組織で働く時には理解できるだろうという長期的な眼差しも注がれています。

「内容や形式にこだわらず学生と現場に任されることで受け入れ側はやりやすく、学生の自由な発想や積極性が生かされる。現場への効果は、一方的でなく双方向であること。学校の中から外に目を向ける一つの窓口をもらった」（北大阪朝鮮初中級学校、二〇一八年）、「五年も受け入れていると、未来共生とは何か、共生とは何かというところにやっと来た気がする。本当にいろんな人たちが共にいきていくにはどうしたらいいか、というのを身を持って知るいいきっかけになっていると一緒にいて感じます」（しょうないガダバ、二〇一八年）など、年月を重ねる中で認識が深まっており、受け入れ団体と共につくっていることが伺われました。

プロジェクト・ラーニング

プロジェクト・ラーニングは、この公共サービス・ラーニングをベースに、いくつかのチームとなって受け入れ組織や団体にプロジェクトを提案し、それを半年間協働で実施していくというものです。この八年間で一九のプロジェクトが学生チームと組織団体との協働により試みられています。

プロジェクト・ラーニングも、その期間が終了した際に最終報告会を行うとともに報告書をとりまとめ、

年度	協働先とプロジェクト名
2014	大阪市港区役所 「37 プロジェクト」 (一財)アジア太平洋人権情報センター 「まちと人と共生」 コリア国際学園 「のいる（not in rush）プロジェクト」 岩手県九戸郡野田村 「未来架橋プロジェクト」
2015	大阪市港区役所 「港区ダイバーシティ・ネットワーカー」 枚方市保健センター 「インターナショナルシティ　HIRAKATA」 豊川いのち・夢・愛センター 「豊川（T）×未来共生（R）」 西宮市社会福祉協議会 「甲六今月どないする（甲六＝甲子園口六丁目団地）
2016	大阪市港区役所 「コトバのみなと計画」 (一財)アジア太平洋人権情報センター 「リビングライブラリー　ひとを読む、おもいを味わう」 (公財)アジア協会アジア友の会 「日本の多様性プロジェクト：JFC（ジャパニーズフィリピノチルドレン）から見る日本社会」 豊中市桜塚校区福祉会「小さなくりの木会」 「『小さなくりの木会 23 年のあゆみ』活動 500 回記念誌の作成」
2017	箕面市立萱野中央人権文化センターらいとぴあ 21 「子どもと防災体験 by らいとぴあ×阪大」 (特非)おおさかこども多文化センター 「『やさしい日本語』によるコミュニケーション」 しょうないガダバ 「ガダバ探偵団」
2018	大阪府立西成高校 「ホンネカタルカフェ（案）よろしいたけ販売（案）」 北大阪朝鮮初中級学校 「こんみょん–Resonance–Project」
2019	北大阪朝鮮初中級学校 「イオ！リビング・ライブラリー」
2020	(特非)関西 NGO 協議会 「COVID19 で浮き彫りに…国際課題『外国人差別』とは？ ～若者たちで国際課題と向き合う～」

表３　プロジェクト・ラーニング実施状況　　下線は本書でとりあげているもの

受け入れ先の担当者を招き、成果発表会を行いますが、現場からの意見、助言、現場課題に取り組む履修生の姿勢を捉え直す機会ともなります。

課題として、学生たちの立場や認識との擦り合わせの難しさ、関係者や関係機関との協働不足やプロジェクト終了以降の現場における継続性の問題、市民・住民が主体的に関われる仕掛けや工夫の具体性の弱さ、相乗効果や意義、「PDCAサイクル」の意識化、現場の課題と乖離した「押し付け」や、現場の「下請け」的プロジェクトでないオリジナリティを追求する、などが指摘されています。

また、評価として二つの側面が指摘されました。一つは、学生たちの思いを、失敗も含んだ葛藤の過程として見守りながら支え、やり遂げさせることです。「最初に思いがあっても、それがどのように整理されていくのかという学生たちの取り組みの過程を見せてもらった。じぶんたちはNPOなので企画したことにはモノは言わず、具体化する中での助言を行ってきた。激論もあり手探り状態が続いた。そうした中での企画はチームで取り組んでいく突破力のようなものを感じた」（NPO法人おおさかこども多文化センター、二〇一七年）。「何一ついわず、自由にやりなさいといったが、話せば話すほど混沌とする状況だった。最後まで投げださなかった事に感謝したいし、学生たちが地域をつなぎ、新たな関係を生み出してくれた」（しょうないガダバ、二〇一七年）。受け入れ団体は履修生たちを過大あるいは過小に評価することなく、ありのままの姿に伴走したことです。

もう一つは、プロジェクト・ラーニングを自分たちなりに位置づけ、コラボレーション事業の一環とするものです。過去三回プロジェクト・ラーニングを実施した大阪市港区は、「区役所では地域の課題がさまざまあることから、取り組みたいと思っても人的制約があり、啓発にとどまっていたものがたくさんある。行政に参加しにくい若い層を巻き込むためにも大阪大学との協働で発信力が増す」といっています。「やりたいと思っていたイベントを、大学の受け入れをすることで一緒にできた」（NPO法人暮らしづくりネットワーク北芝、二〇一七年）「学生たちは『机上の空論』ではなく、当事者から話を聞く機会を設定し、イベント参加者のネットワークづくりを試みむなど、真摯に取り組んでくれたことが団体にとっても学びになった」（公財団法人アジア協会アジア友の会、二〇一六年）など収穫と考える団体もあります。

プラクティカルワークで積み上げられてきたもの

プラクティカルワークを通して多くの団体・組織との信頼関係の中で履修生が成長していく姿がみられ、また期待をしながら協働がすすめられています。外部評価委員をつとめた宮島喬は「未来共生という課題に目を拓かせることにより、高度な実践力・企画力を備えた新しいタイプの研究者を生み出す期待あふれるプログラムであり共感する点が多い」とした上でも、多文化共生を考えた場合、上からの統治とは異なる共に治める「共治（きょうじ）」がどうあるべきか、地域集団、NPO／NGOに固有の地位を与えるシステムとはどういうものかを考える必要について強調しました。実証のための現場（フィールド）ではなく、移動や異種混合性もふくめた社会（アーリ、二〇〇六）へのエンゲージメントとしての実践的関与を今後どのように仕組みとしてつくっていくのかが問われています。

本書でこの後紹介するのは、プログラムがこの八年間かけてその関係を構築してきた団体・組織での学びです。学術領域に位置づけられるサイエンスやフィロソフィーからのアプローチだけでは表現できない現実の厚みをもつ「共生のアート」の意味を深く追求していくための一助となることでしょう。

注

（1）二〇一二年度から二〇一八年度までは、文科省のもと「大阪大学博士課程リーディングプログラム『未来共生イノベーター博士課程プログラム』」の名称、二〇一九年度には「大阪大学人間科学未来共生博士課程プログラム」の名称、二〇二〇年度には「大阪大学『学修証明プログラム』人間科学研究科　未来共生イノベータープログラム」の名称に変わっているため、これらすべてを含む呼称として便宜的に「未来共生プログラム」を使用することとする。

（2）Quality Examinations の略。

（3）本書では、プログラム所属学生を「履修生」と表記するが、経年とともにプログラム所属学生以外でも授業として参加できるようになっていったため、そうした参加者がいる場合は「学生」という表現を使っている。

（榎井　縁）

参考文献

石塚裕子・榎井縁（二〇一七）「未来共生プラクティカル・ワークの現場から」『未来共生学』四　大阪大学未来戦略機構第五部門未来共生イノベーター博士課程プログラム
ジョン・アーリー（二〇〇九）『社会を越える社会学　移動・環境・シティズンシップ』法政大学出版局
宮島喬（二〇一五）「プログラムの全体について」『未来共生イノベーター博士課程プログラム第一回外部評価委員会報告書』

テーマ1

被災地で学ぶ

コミュニティ・ラーニングの授業では、二〇一三年度から南三陸町（宮城県）、気仙沼市（宮城県）、野田村（岩手県）の三地域で、二〇一七年度からは野田村で、合宿をしながら東日本大震災と復興を学ぶフィールドワークを行ってきました。

宮城県南三陸町では二〇一四年度から、震災の記録を残す取り組みを小学校の避難所を中心に、町民のみなさんと取り組んできました。その中で避難所を運営することとは何かということや、記録を残す取り組みを通じて、町の復興やコミュニティの再形成について学ぶことになりました。

宮城県気仙沼市では、毎年の訪問時に、寺院やＮＰＯ、商店街などの同じ人から継続して話を聞きますが、時間の経過の中での緩やかな変化を大切にしてきました。気仙沼における震災の記録をどのように語り継ぐかについて議論し、「コンポジウム」という、アートとシンポジウムを組み合わせた催しに参与していくことになりました。

岩手県野田村は未来共生プログラムにとって第二のホームグラウンドともいえる場で、コミュニティ・ラーニングの締めくくりには全員が野田村に集まり各地域での学びを共有してきました。また、コミュニティ・ラーニング以外の活動でも、時期を問わず教員や履修生が野田村を訪れています。

被災地の復興過程の中で毎年八月に行うコミュニティ・ラーニングは、履修生にとっては「共生」を現場で考える第一ステップとなり、現場の人々に寄り添い、他者に対する深い理解を伴う敬意をもって研究活動を行う大切さの気づきとなり、大学にとっても社会をよりよく変革するためのパートナーとしての信頼関係を結ぶという、さまざまな財産を培う機会となっています。

避難所の記録を残す——南三陸町

南三陸町では初年度を除き、震災の記録を残す取り組みを町民のみなさんと取り組んできました。私たちは、避難所を運営することはマニュアル的なものかと思いきや、全くそうではないことを知りました。また記録を残すという取り組みを通じて、町の復興やコミュニティの再形成について学ぶことになりました。

住民中心の避難所

二〇一一年三月一一日に発生した東日本大震災。宮城県南三陸町志津川地区に押し寄せた高波によって、町は大きな被害をうけました。町民は高台にある小学校、中学校、高校に避難し、数か月にわたる避難所生活が始まりました。

私たちは災害が発生すれば、避難所に行くことを当たり前のことだと思っています。では、避難所はだれが運営するのでしょうか。「きっと行政が運営してくれるのだろう」と思うかもしれません。行政職員は避難所運営の専門家ではありません。全国に避難所マニュアルが整備されていますが、「すべての課題」を網羅していません。マニュアルに沿って進めても、想定外の事態は常に生じます。南三陸町立志津川小学校も想定外の困難に直面しました。町を襲った津波は、リアス式海岸の地理的特徴もあり沿岸部全域に被害をもたらし、役場は各地に避難所を開設、職員を派遣しました。志津川小学校にも避難所運営を担当する職員が数名派遣されましたが、被災者でもある行政職員だけで、約一〇〇〇人の避難者の生活を考えるのは難しい状況でした。

こうしたなか、志津川小学校避難所は、いち早く住民独自の自治会による避難所運営を打ち出したのです。避難所運営の業務は、避難所での基本的ルールの策定、行政からの情報の共有、食料の調達と分配、避難物資の適切な分配、ボランティアの受入れなど多岐にわたりますが、これを住民で役割分担をすることにしたのです。

中心メンバーとなったのは、志津川町で長らく店舗を構えていた商店主たちでした。避難所自治会の副代

志津川で再建された仮設の商店街

表を務めた阿部忠彦さんは、お茶屋さんです。他にも、醤油の醸造店、蒲鉾店、写真店など、志津川商店街を彩った商店主が自治会による運営に加わりました。

避難者の多くは商店の利用者であり、地元のつながりが避難所運営に役立ちました。商店主たちは、通り一辺倒のルールではなく、さまざまな工夫を凝らしながら避難所を運営します。毎日の会議は誰もがみえる場で開催し、日々生じる避難所での困りごとが、誰にでもわかるようにしました。もちろん運営の全てが順風だったわけではありませんが、志津川小学校避難所自治会は「早期の解散」を目標に掲げ、一致団結した避難所運営に取り組みました。早期解散が目標とされたのは、小学校をいちはやく子どもたちに返すためです。忘れてはならないことは、自治会メンバーもまた被災者です。彼らの願いは町をいち早く復興することでした。

避難所解散の当日。住民は早起きをして体育館を掃除し、すこし遅れて咲く桜を眺めながら、町の復興を願いました。町には仮設住宅が建設されたばかりで、志津川商店街も仮設として再建されました。

記録を残しましょう

震災当時、志津川小学校避難所にはさまざまなボランティアが駆け付けました。そのなかに、東京からはサッカーボールを抱えた谷口善裕さんがいました。谷口さんは各地を巡り、その道中で志津川小学校にも訪れていました。そして、その後も南三陸町との関係を暖めてきました。

二〇一三年九月、地域でのサッカー教室のボランティアを終えた谷口さんが、営業を再開していた阿部さんを訪れました。阿部さんは谷口さんに数冊のノートをみせます。

「実は、当時の避難所の運営や出来事を書き留めたノートがある。これをなんとかカタチにして、将来起こるであろう災害や避難所運営に役立てたい。」

阿部さんは折に触れて避難所運営の難しさや課題を谷口さんに語ってきました。その要点は、避難所運営においてはマニュアルにない出来事が数多く生じたことです。課題の多くは、避難所での「生活」におけるものでしたが、避難所の生活について具体的に書き残されたものはありません。

ノートには、自治会運営に関わる日々の記録日々の食事記録や、支援物資、ボランティアの受付録などが書き残されています。谷口さんは、帰京後、全国の避難所マニュアルを収集し「避難所は設置だけでなく、運営し続けることこそ難しい。そのことを伝えるために、過去にない避難所マニュアルが必要なのではないか」と気づきます。

谷口さんは、未来共生プログラムのコーディネーターであり、大阪大学大学院人間科学研究科教育文化学研究室の代表でもあった志水に連絡を取り、南三陸町の避難所について語りました。教育文化学研究室が夏

避難所となった志津川小学校

インタビュー写真

季休暇を利用して南三陸町で学習支援ボランティアに行っていたことも、縁となりました。

「どのような方法が良いかはわからないが、記録を残して、新しい避難所マニュアルを作ってほしい」という谷口さんの熱意をうけ、未来共生プログラム（以下、未来共生）のメンバーが集まり、プロジェクトチームを結成しました。

二〇一四年三月に志津川小学校を訪れた未来共生チームは、現場とともに阿部さんの記録をはじめとする自治会の資料を確認しましたが、避難所運営のエキスパートではありません。そこで「避難所マニュアルを作ることはできないが、皆さんの記録を残し伝えるお手伝いはできる。どのような形にするかは皆さんと相談しながらやりませんか」と提案しました。

志津川小学校避難所自治会メンバーを中心とする志津川住民、災害ボランティアのメンバー、そして大阪大学未来共生のメンバーが参与する「志津川小学校避難所自治会記録保存プロジェクト実行委員会（以下、実行委員会）」が結成され、半年に一回は志津川に集まり会議を行い、どのように記録を残し、記録を伝えるのかを模索することになりました。

みなさんの話を聞こう

未来共生メンバーがまず取り組んだのは、残された資料のデジタル化です。南三陸町にスキャナを持ち込み、紙のデータを電子化していきました。資料のデジタル化作業を通じて、紙資料が散逸しつつあることが見えてきました。ノートだけでは当時の姿を伺い知るのは困難だとわかりました。

避難所では電子機器がほとんど利用できず、多くの資料は紙で作成されていましたが、常に情報が更新され変化していくため、紙資料は破棄されていきます。また、誰もが記録のためではなく、日々のメモとしてノートを作っていました、私たちは実行委員会を通じて、住民の方々に当時の記録が残っていないか探してもらうことにしました。

つぎに、紙資料では細かい出来事が抜け落ちます。自治会の記録は自治会メンバーが作成したもので、避難していた住民の心情を表したものではないのです。当時の様子を知るためには、避難所にいた方々の話を聞く必要があり、そのためには人手が必要でした。

二〇一三年のコミュニティ・ラーニングでは、南三陸町で学習支援に取り組んでいましたが、このコミュニティ・ラーニングで避難所に関するインタビューを行うことにしました。

事前打ち合わせ

上山公園にて高橋さんから当時の様子を説明してもらう

ただ、避難所の記録を残すインタビューは、対象者から情報を探りだすため、「聞かれたくないこと」も含まれます。震災から三年ほどしか時間が経過しておらず、志津川の復興が始まったばかりで、大阪からやってきた大学院生がインタビューを行えるのか、といった懸念もありました。そこで実行委員会メンバーが、当時避難所にいた人たちのリストを作成し、趣旨を説明したうえで、私たちは記録保存プロジェクトの一員としてインタビューに取り組むことにしました。

コミュニティ・ラーニングの期間は五日間。大阪ではインタビューのために、デジタル化したノートの読み込みや、行政資料の収集を行いました。そして、滞在期間中に教員と数名の学生が手分けをして、二〇一四年度は三九人、二〇一五年度は一六名の方々にインタビューを行いました。二〇一四年度は朝、昼、晩とそれぞれ一時間から二時間程度お話を聞き、二〇一五年度は人数を絞ってより詳細にお話を伺うロングインタビューを行いました。

一年目のインタビューでは、私たちも避難所の状況がよくわかっておらず、インタビュー中「言葉がでてこない」ことがありました。

例えば、志津川小学校の避難所には「パーテーション」がありませんでした。現在の避難所運営では、避難者のプライバシーを守るために、段ボールハウスのようなパーテーションで避難者の個人スペースを設置するのが一般的です。記録では志津川小学校にもパーテーションが持ち込まれていましたが、自治会がそれを設置しなかったのです。「地元での濃密な人間関係があったからパーテーションなど不要だった」と語る人もいれば、「着替えをするときなど不便だった」と語る人もいます。語られる言葉はさまざまです。私たちは「そうですか」と聞くほかありません。

結論として、「早期に避難所を解散し、学校を子どもたちに返す」という目的があり、パーテーションは、避難所に根付いてしまうような状況をつくらないために自治会がおこなった仕掛けであることがわかってきます。パーテーションがないことに不満を語る人もいましたが、それでも避難所が混乱しなかったのは、自治会が掲げた理念にみなが共感していたからでした。ひとつの事象を巡る立体的な情景は、インタビューを積み重ねたことでみえてきた出来事です。

私たちはインタビューの音声データを文字起こしして、イ

Phase 1	実行委員会によるインタビュー対象者の選定
	↓
Phase 2	調査前資料読み込み 調査の狙い、問題意識の共有 質問項目の作成 挨拶状の作成
	↓
Phase 3	調査の実施 現地入りワークショップ インタビュー対象者への訪問 調査終了時ワークショップ
	↓
Phase 4	お礼状の送付 トランスクリプトの作成 報告書の作成 報告書を持っての再訪問

インタビューの流れ

ンタビューを受けてくださった方に送付して確認と修正をしてもらいました。一年目のインタビューデータを大学で読み込んで比較し、二年目のインタビューを行いました。こうした作業を通じてパーテーションにまつわるストーリーを導いていきました。

はじめに幅広く聞き取りを行い、そこから論点を絞って深堀りするインタビューの進め方は、社会調査では一般的に行われる手法です。南三陸におけるコミュニティ・ラーニングの授業デザインを、社会調査の技法を大学院生が学ぶ仕立てにしました。結果的に、避難所の当時を語った膨大なインタビューデータと、その要約をまとめた「中間報告書」「最終報告書」をまとめることができました。

どのように、世の中に伝えるか

避難所の記録を残すという目的については、紙資料のデジタル化やインタビューデータの収集、報告書の作成を通じて達成できました。

最後の課題は、これをどのように「世の中に伝えるか」です。

当初、未来共生チームでは、インタビューに応えてくださったひとりひとりを掲載した「本を作る」ことを念頭に置いていました。先ほどのパーテーションのように、出来事の捉え方はさまざまで、それをそのまま世に出そうと考えました。しかし、実行委員会の会議で「読み物として面白いだろうか」という指摘がされました。確かに、ひとりひとりを大切に扱いたいと考える一方、避難所全体のストーリーを伝えることをどこかで脇においてしまっているところがありました。

そこで、未来共生では五九日間の避難所運営をひとつの物語として取りまとめることにしました。一日目から五九日目まで。毎日の記録をインタビューデータと突き合わせ、どのような出来事があり、なにを食べ、誰が訪問したのかを確認していきました。物語をまとめ、実行委員会のメンバーやインタビュー対象者とともに読み込み、修正を重ねて完成したのが二〇一七年三月一一日に出版された『南三陸発！　志津川小学校避難所―五九日間の物語　～未来へのメッセージ～』という書籍です。

この書籍は、震災避難所のマニュアルの代わりになるものではありませんが、「避難所を運営することはどういうことなのか」という示唆に富んだものとなり、全国の書店や図書館におかれ、多くの方々の手に渡ることになりました。

南三陸でのコミュニティ・ラーニングは、こちらが舞台設定をするのではなく、志津川のみなさんと、災害ボランティアと共に作り上げてきました。被災体験を聞くだけでなく、こちらから語りかけ、聞き出すことは危うさをはらむ一方、より深く志津川を知るきっかけにもなりました。当時インタビューを行った学生はいまでも志津川と関係を深めています。それもひとつの成果かもしれません。

（山本　晃輔）

『南三陸発！　志津川小学校避難所』の書影

震災の記憶を残す――気仙沼

気仙沼におけるコミュニティ・ラーニングは、毎年の訪問時に、同じ人々から話を聞くことではじまります。話される内容は時間の経過とともに緩やかに変わっていきます。その緩やかな変化を大切にしていったフィールドワークです。そして気仙沼における震災の記録をどのように語り継ぐかについて議論した結果、「コンポジウム」という、アートとシンポジウムを組み合わせた催しに参与していくことになりました。

海の街・気仙沼

宮城県気仙沼市はきれいな港町です。街を歩くと潮のにおいがし、夕方に散歩すると非常に気持ちが良いです。海があるだけでなく、山もあり、小さな箱庭に海の幸、山の幸が詰まった素晴らしい街です。海の街・気仙沼は遠洋漁業で釣り上げた魚を陸揚げする港として機能してきました。長期に渡って海で働いた漁師さんの胃袋を満足させる美味しい料理店がたくさんあります。魚も美味しいですが、肉も美味しいです。名物料理のホヤは新鮮ですし、サメ料理もあります。このような魅力いっぱいの気仙沼に二〇一三年から二〇一六年までの四年間、コミュニティ・ラーニングとして気仙沼でのフィールドワークを実施しました。

安波山から望んだ気仙沼港

気仙沼への縁は、人間科学研究科教員である稲場が震災後に同地でフィールドワークをしてきたことにより生まれました。被災地で学ぶということについては、履修生、教員ともに「受け入れてもらえるのだろうか」という不安感を持っていましたが、気仙沼の魅力や現地の人たちの温かさに触れるうちに、徐々にその気持ちは薄らいでいきました。気仙沼チームの教員は稲場、今井、吉田、平尾で、毎年八月に履修生を引率しました。

青龍寺交流会の様子（中央奥は工藤霊龍住職）

避難した人から話を聞く――青龍寺交流会

二〇一三年、復興支援のために稲場が被災地を訪れ、話を聞いたのが青龍寺の工藤霊龍住職と夫人の工藤佳子さんです。青龍寺は気仙沼市内湾地区の丘の中腹にある曹洞宗のお寺です。近所に気仙沼カトリック幼稚園があり、宗教の違いに関係なく普段より交流があり、工藤さんたちの子どもも同幼稚園に通っていました。住職は震災前より地域の防災活動に関わっていて、日頃より被災時に同寺が避難所になると想定した上で水や食料の備蓄をしていました。津波発生の際には丘の下にいた人たちに「逃げろ！」と叫び、高台に誘導、海抜の高いところにある同寺は津波による被害を免れ、被害を受けた近隣の人たちが避難しました。

気仙沼チームが現地で毎年参加させてもらった交流会は、もともと近隣の避難した人々の集まりです。津波により家が全壊や浸水といった被害を受けた人もおり、津波の水が家や街を覆っていく様子の写真も見せてもらいました。

近隣の人たちが同寺に避難し、まず水の確保を心がけました。早い段階でトイレが使えなくなり、停電で動かなくなった冷蔵庫から食材を持ち合わせました。そして、避難者全員で、なるべく明るい話題をするように心がけたのです。檀家のなかには震災で亡くなった人もおり、住職は暗い気持ちを避難所に持ち帰らないように気を遣ったといいます。避難者の中には定期的に医療を受ける必要がある人もいて、震災の影響の少なかった隣町までなんとか医療を受けに行ったといいます。被災時の事だけでなく、気仙沼の美味しい魚のことも聞くことができました。

想定外の災害への防災――佐藤健一さんの震災復興ガイド

佐藤健一さんは気仙沼市の元危機管理監で、震災前より同市の防災に深く関わっていました。毎年、佐藤さんは震災復興ガイドとして、まず気仙沼市階上杉ノ下地区を案内してくれます。

杉ノ下の住民は震災後、二、三日ほど消息不明の状態にあり、震災発生時、気仙沼市庁舎で陣頭指揮をとっていた佐藤さんが最も気にしていた場所でした。震災前の杉ノ下地区は民家、民宿、海の家、遠浅のお伊瀬浜海水浴場があり、夏には海水浴客であふれるような所です。しかし、震災当日に一六メートル以上の津波が押し寄せ、家々を押し流し、多くの人命が失われました。海水浴場も震災による地盤沈下のため以前のような状態ではなくなりました。同地区は明治三陸沖地震の際にも被害を受けており、津波防災に非常に熱心な人が多く、避難訓練にも力を入れていました。震災当日、普段の

階上杉ノ下地区の慰霊碑前で被害状況をお伺いする
(右から２人目が佐藤健一さん)

訓練どおりに住民の方々は杉ノ下地区にある高台に避難しましたが、その高台を上回る津波が押し寄せ、避難者もろともに飲み込んで、結果、杉ノ下地区では九三名が命を落としました。

「あのレベルの津波には、従来の『点』で設けていた避難場所の考え方では間に合わなかった。『線としての避難場所』の考え方が必要だった」、想定外の津波が押し寄せたときに、地域によれば避難場所の次に逃げる避難場所を確保しておく必要があり、「その地域の特性をもっと突き詰めて考えて、避難場所を『線』で考えていれば……」と佐藤さんはいいます。

震災遺構と復興——佐藤健一さんの震災復興ガイド

二〇一三年には、佐藤さんの震災復興ガイドで鹿折唐桑駅のメインストリートまで津波で内陸に六〇〇メートルほど流されてきた第十八共徳丸のある場所に行きました。この船は全長六〇メートルほどもある大きな船です。駅前の平地に陸揚げされた姿は異様な存在感を放っていました。共徳丸の前には慰霊のための祭壇が設けられていました。津波直後、水が引かない状況で漂流した船舶があたりを行ったり来たりすることで、多くの建物が壊されました。共徳丸の下には車が押し潰されており、想像を絶する津波の威力を感じました。

共徳丸については、震災遺構として残すべきであるとの意見もありましたが、気仙沼市が実施した住民への意見聴き取り調査等を踏まえ、二〇一三年九月に解体されました。部外者の感覚では、後世に遺構を残し、今後の防災につなげたほうが良いようにも思いますが、「あんな船、見たくもない」といった声を気仙沼滞在中に聞くこともありました。

鹿折唐桑駅付近では、毎年、街の様子が変わっていきました。二〇一四年八月は共徳丸がなくなっており、二〇一五年八月にかさ上げ（埋め立てによって、津波の被害が及ばない高さまで土を盛ること）が始まっており、二〇一六年八月には元の場所がわからないほどにかさ上げが進んでいました。鹿折唐桑駅付近には、かさ上げ後に団地が立てられていた場所もあり、震災には負けない、復興しよう、といった地域や行政の意気込みが感じられました。

第十八共徳丸の前でお話をお伺いする
（左より４人目の方が佐藤健一さん）

南町紫市場「cadocco」での坂本正人さんからの聞き取り
（右より２人目の方が坂本正人さん）

地元経済と復興——南町紫市場

気仙沼市内湾地区にあった商店街も震災による津波で大きな被害を受けました。内湾地区には津波で押し流された家の基礎が一面に広がっていました。津波に耐えた建物であっても、いくつかの建物には、赤いペンキで利用不可を示すバツマークが付けられていました。

再起は行政と連携して駐車場の土地を間借りして建てられたプレハブの仮設商店街・南町紫市場という形で行われました。二階建ても含むプレハブが複数あり、お土産、お寿司、イタリアンとさまざまなものを扱うお店が入っていました。

坂本正人さんは南町紫市場の一角でコロッケ屋さんを経営しており、私たちもよくそこでコロッケを食べました。南町紫市場には「みなみまち cadocco」というダンスや伝統芸能の練習が行われる多目的スタジオがあり、そこで坂本さんから毎年話を聞きました。二〇一三年八月には「震災は人命だけでなく、人々の生活の術をも奪いますね」と、仮設商店街で再起を目指されている方々がいる一方で、震災前の生活に戻りようがない人も少なくないことを話されました。二〇一六年八月には「かさ上げの際にいったん商店街を閉じないといけない。その後にどれくらいの人たちが事業を続けられるかどうか、テナント料も高くなるかもしれず、非常に厳しい局面が出てくる可能性がある」と、自営業者であり、商店街運営でも重要な役割を担っている立場から、震災と復興がどのように地元経済に影響を与えるのか、復興にも痛みを伴うことを語ってくれました。

地域のコミュニティとして――清涼院

清涼院は気仙沼市本吉町にある曹洞宗のお寺です。長い階段を上がると荘厳な本堂、境内の静寂な空気、きれいに整備された庭があります。同寺の三浦光雄住職と三浦賢道副住職に毎年、話を聞きました。訪問の際、履修生の中には住職の話を法話のように捉えて、人生相談をしている者もいました。

震災時、清涼院には多いときは一〇〇人近くが避難していました。住職は「人の集まるお寺にしたかった」と敷地内に地域の方々との交流スペースを作り、地域のイベントの際に場所を提供しています。また、毎年八月に同寺では地蔵盆まつりが行われますが、大規模で津軽三味線の演奏、民謡、演劇などいろいろな演目、また境内には屋台が出ます。普段からの地域の人々との壁のない交流が避難する人の多さにつながったのです。震災直後の四月には避難されていた人々と花見をして、いつもどおりに過ごしたそうです。

清涼院地蔵盆まつりの様子

また、震災後、同寺の敷地にはシャンティ国際ボランティア会のキャンピングカーが停められていました。同会は動きやすいキャンピングカーで被災地でのボランティア活動を展開しました。震災後は気仙沼を拠点に活動しており気仙沼班としても訪問しました。

履修生の報告書と「コンポジウム気仙沼」

履修生はインタビューした記録をまとめ、テーマを的確に決めて、フィールドワークの終わりに報告する必要があります。例年、教員たちが知らない中で激しい議論がなされることもあったようです。

その内容については次に述べるとおりです。二〇一三年度は「『隔たり』と共に生きる」として、震災遺構としての共徳丸と防潮堤をめぐる対立に、複雑で生々しい感情の対立や立場の違いによる見解の齟齬に、正しい答えがないことを見出しています。二〇一四年度は「『つながり』の繋がり」としてコミュニティ内における人と人との関係、異なったグループや団体間の関係、それらの構築とその内容について考察しています。二〇一五年度は「『つながり』の広がり」として、つながりの場をつくり、その広がりを「拡げる」人びとと行為に焦点をあててまとめあげています。二〇一六年度は「転換期の被災地・気仙沼で」として、震災後五年を迎え国の集中復興期間が終了する中で迎えた転換期に人びとが目指す復興と課題について整理して書き出しています。

この間、地域の関係者と稲場の働きかけで「コンポジウム気仙沼」(二〇一五年の開始時は、「レクイエム・プロジェクト気仙沼二〇一五」)という催しが二〇一五年から毎年、気仙沼市民会館で行われています。

震災復興イベントとしてのコンサートとシンポジウムを合わせたイベントで、画家・加川広重さんの巨大絵画をバックに、鎮魂の祈りと歌が捧げられています。未来共生プログラムとしてもこのイベントに共催し履修生や教員たちがお手伝いをするとともに、二〇一八年度は『悠久の海　祈りから希望の水平線へ　復興イベント・コンポジウム気仙沼二〇一八～加川広重画「共徳丸と海」とともに～記念誌』という記念誌を発行することができました。

（平尾　一朗）

参考文献

稲場圭信（二〇一三）「宗教者の支援活動調査」稲場圭信・黒崎浩行編『震災復興と宗教』明石書店

復興プロセスに寄り添う――野田村

岩手県野田村は未来共生プログラムにとって第二のホームグラウンドというべき場所です。コミュニティ・ラーニングの締めくくりとして、全員が野田村に集まり各地域での学びを共有するからです。また、コミュニティ・ラーニング以外の活動でも、時期を問わず教員や履修生が野田村を訪れています。

コミュニティ・ラーニングは大学の授業という位置づけであり、学ぶべきカリキュラムがあります。ただ被災地を知るだけでは足りない。だからといって、わずかな期間でできるボランティアも限られている。そうした制約のなかで、カリキュラムをどのようにデザインすることができるのか。未来共生プログラムの悩みを共に考えてくれたのは野田村のみなさんでした。

岩手県野田村と大阪大学

岩手県野田村と大阪大学の出会いは、二〇一一年三月一一日、東日本大震災が発生した際に、人間科学研究科教員の渥美が務める認定特定非営利活動法人日本災害救援ボランティアネットワークが、岩手県九戸郡野田村において救援活動を展開していたことを縁としています。

発災直後から野田村で支援活動を行ってきたいくつかの団体が「チーム北リアス」という連携組織を結成し、そこを窓口に大阪大学の教員・学生も復興支援、交流活動を継続的に行ってきました。二〇一三年度に未来共生プログラムが始まり、研究活動拠点として野田村に大阪大学野田村サテライトが開設されました。野田村サテライトは、村民やボランティアと共に活動し、現場に響く教育、研究、実践活動を行うことをめざしました。

教育面では、毎年八月にコミュニティ・ラーニングで履修生を受け入れ、村の歴史、文化、生業、コミュニティ活動、そして震災について、村の方々との対話を通じて、村の復興、活性化の道を学生なりに探ってきました。

研究および実践活動としては、村民と外部支援者（学生、研究者、ボランティア等）が交流し共に学ぶ機会として、サテライトセミナーを月命日の一一日に二〇一三年三月一一日から二〇一八年二月一一日まで計六〇回、五年間、開催しました。また、村民有志の方々との協働でコミュニティラジオ（愛称：のだむラジヲ）の開局に向けた活動のほか、震災の記憶、記録のアーカイブ事業などを展開しています。

野田村の概要

野田村は岩手県の北端の沿岸部に位置しています。全般的に山地であり起伏が多い地形で、海岸は北リアス地域には珍しい、紫色の小豆砂を特徴とした砂浜の十府ヶ浦海岸を有し、海岸沿いを南北方向に三陸鉄道リアス線と国道45号が縦断しています。

ホタテやワカメの養殖、鮭の孵化場を中心とした漁業、農業をはじめ、地域おこしとして山葡萄を原料としたワインの製造、昔ながらの海水直煮製法による塩の製造など、特産品の製造、販売に力をいれています。東日本大震災では甚大な被害を受け、特に村の中心部が津波で流されたため、全家屋の三分の一が被害を受け、村内四つの漁港・関連施設も壊滅的な被害を受けました。

失敗する経験から学ぶ授業

野田村でのコミュニティ・ラーニングの特徴は、履修生が自由に野田村を動き回ることを推奨していることです。村民と直にコミュニケーションをとることを重要視し、話を聴くためのアポイントをとることから、興味を持った事柄を深め・広げるために次に誰に話を聴くべきか、どこへ足を運ぶべきか、どのような情報を収集すべきかなど、フィールドワークを自ら組み立てることを課します。失敗する経験を通じて、常に本番である現場で調査研究を行うことの難しさを知り、現場をリスペクトとし、謙虚な姿勢を身につけるためです。

災害ボランティア研究で用いられている理論、グループ・ダイナミックスの「『心』は個人の内面にあるのではなく、人と人との関係において展開する」考えにもとづき、震災の記憶、復興への想い、支援へのニーズなど、すべて人と人の間にあることを感じる、学ぶ機会となること、その難しさを知ることをめざします。また最後には、野田まつりという村の最大の夏祭りの場で、村民の有志と一緒に「のだむラジヲ」というラジオ番組を制作しイベント放送するという協働実践活動を課しています。

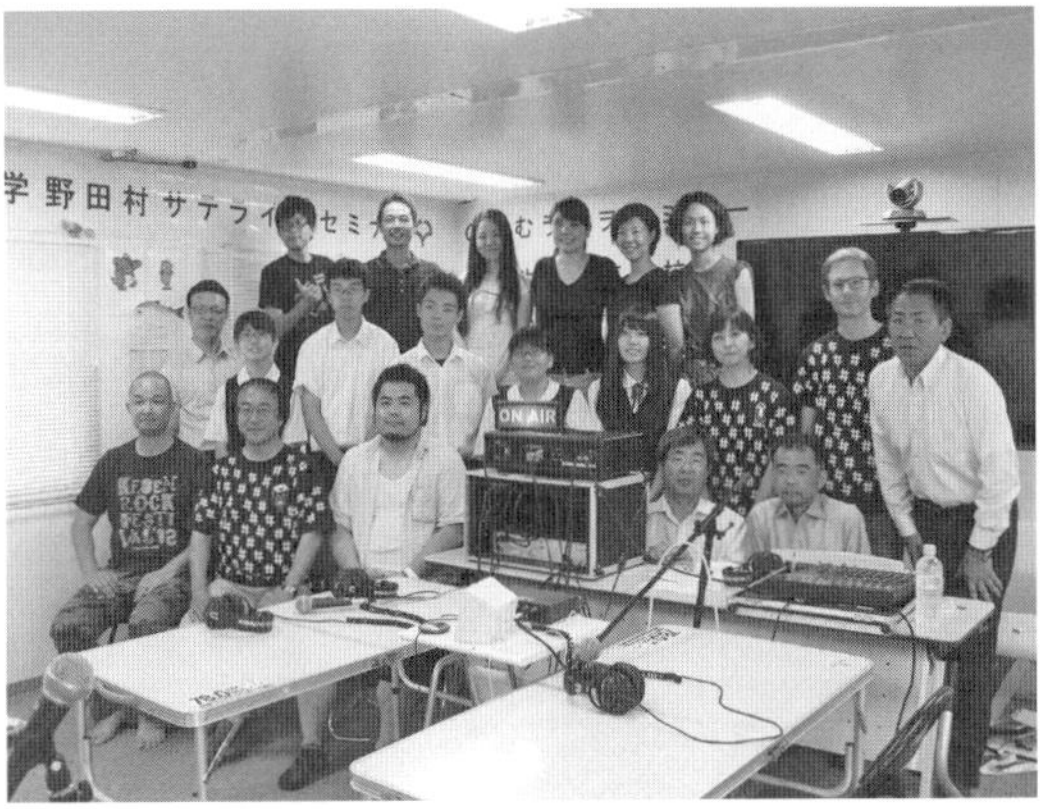

コミュニティ・ラーニング参加者（2015 年度）

イベント放送の様子（2017 年度）

二〇一九年度までに計七回実施してきましたが、最初の三年（二〇一三～二〇一五年度）と、次の二年（二〇一六、二〇一七年度）、さらに次の二年（二〇一八、二〇一九年度）の三つのステージに分けることができます。

第一ステージ　外部者が感じた野田村の魅力を復興にどのように活かすか

第一ステージ（二〇一三～二〇一五年度）は、震災から丸二年が過ぎ、瓦礫は撤去されていましたが、村のあちこちに仮設住宅が建ち、大型トラックが続々と走っている様子に震災の傷跡を肌で感じられる状況でした。初めて被災地を訪れた履修生たちは戸惑い、初めて受け入れをする村民の方々も戸惑いを感じられていたようです。

フィールドの対象は、災害救援活動などを通じて広げてきたつながりをベースにした、村の中心部、津波の被害を直接受けた地域の人々や団体、グループでした。履修生たちの多くは、被害の甚大さに驚きながらも、震災そのものよりも野田村の食や伝統行事、生業について関心をもち、さまざまな村民を訪ね、話を聴いてまわりました。外部者が感じた野田村の魅力を震災からの復興にどのように活かすことができるのか、考えることとなりました。

第二ステージ　非被災地へのアプローチ

第二ステージ（二〇一六、二〇一七年）になると、コミュニティ・ラーニングが村の中で定着しはじめ、学生のメンバーは変わるけれど、〝毎年、夏になるとやってくる大阪の学生さんたち〟という風物詩として受け入れられ始めました。

それまでの三年間は主に被災地がベースでしたが、発災前からの高齢社会、人口減少、地域の活性化などの課題を鑑みると、真の復興は被災した沿岸部だけでなく山間部を含めた村全体の振興であることがわかります。二〇一六年度は、その焦点を直接的な被害を受けていない山側の集落に移しました。この新たな挑戦は、被災地（沿岸部）と外部者（大阪大学）という関係が、非被災地（山側）と被災地と外部者という関係に変化することになり、なぜ野田村に関わり続けるのか考える機会になりました。履修生たちは約三日間という限られた時間を、農作業なども手伝いながら集落の人たちと過ごしました。そして、震災に関係なく、山上や山間といった地形条件が悪く、厳しい気候の先祖が開拓した土地を守り、野田村で生きる自負心を山側の人々から学びました。また、復興道路の建設予定地で遺跡調査が行われ、古代の村の様子が発見されるのと同時に、道路工事によりその遺跡は失われ、歴史は記録となり、風景は変わっていくことを知るなど、直接的な被害を受けていない場所、人々にとっての震災とは何か、復興とは何かと考える機会を得ました。

早朝サイクリング

山間村落の村民を訪問

地元の高校生と交流

豆腐田楽の作業所にて

二〇一七年度は、震災復興のシンボルとして国が整備を進めていた「潮風トレイル」をテーマにしました。潮風トレイルは青森県から福島県まで沿岸部を結ぶ遊歩道のネットワークです。この遊歩道を沿岸部だけでなく、内陸部の山側の集落の活性化にも活かすことができないかと、二〇一六年の活動を基礎にしながら村民と一緒に検討し具体的な提案をつくることに挑戦しました。

第三ステージ　知る段階から提案する段階へ

そして第三ステージである二〇一八年度は、野田村役場から〝アジア民族造形館の活用〟を考えてほしいという依頼にもとづき、三つのチームに分かれて、「村民」、「役場」、「学校」という異なるセクターの村民にインタビューしながら活用方法を考えました。これまで一村民という立場の人たちから話を聴くことが多かったのですが、今回は役場の職員として、学校の先生として、観光協会の役員を担う者としてなど、村民が所属する組織の立場から話を聴くこととなりました。村のことを知る段階から、具体的な企画を立てたり、提案したりする段階へと移行したのです。

二〇一九年度のフィールドワークでは、「トレイル」「伝承」、「観光」と三つのテーマに分かれて、村民、役場、各種団体や来訪者などさまざまなセクターの人々から話を聴き、三者三様のアプローチで提案を行いました。震災から八年が過ぎ、住宅の再建や道路整備といったハード面の復興は完了しつつある中で、震災を機に災害ボランティアや大阪大学の学生など、外部者を受け入れ村民も変わりつつあります。真の復興に向けては、村民自身が来訪者に、そして世代を超えて後生の子どもたちに、村の歴史や資源、そして震災の経験を誇りを持って伝えることが必要だと、学生たちの共通した提案となりました。

学ぶことから一緒に考える仲間へ

七年間を三つのステージに分けると、第一ステージでは、被災地という先入観を持って野田村を訪れた学生たちは、外部者の視点から野田村がもつ本来の魅力や資源に気づき、震災からの復興という枠組みの中で村民へフィードバックしていました。村民も、震災があったから訪れた学生たちという意識で受け入れ、震災を常に意識しながら話していました。第二ステージに入って、直接的に被災していない村民と学生の交流は、初め互いに戸惑いがありました。しかし、村民は毎年来る学生が震災のことだけでなく、村全体を知り、村全体の振興を考えようとしていることを受け入れ、緊急時に訪れるボランティアとは異なる態度で接してくれるようになりました。そして第三ステージになると、学生たちの活動を村としても活用していこうと、具体的な提案を求められるようになり、村のことを共に考えるメンバーとして受け入れられるようになったのです。

災害から復興というプロセスに寄り添う授業を共に創るということ

災害からの復興は、"Build Back Better Than Before"と端的に表現されるように、単に災害前の状態に戻すのではなく、新たな社会に向けたよりよい復興がめざされます。東日本大震災においても「震災からの単なる復旧ではなく、未来に向けた創造的復興を目指していくことが重要である」と復興構想会議の趣旨に明記されました。(1) 一方で、甚大な被害を受けてショック状態にある住民は、ややもすれば創造的復興に戸惑いを感じ、自分たちが大切にしてきたもの、守ってきたものを見失いがちになります。また、大規模災害からの復興には長い年月を要すので途中でくじけそうになることもあるし、さらに被災した者と被災していない者という温度差が生じ、互いの遠慮から、コミュニティに隙間が生まれやすくなることもあります。

そうした中で、一〇日間ですが、毎年、村のことを知らない学生が訪れて、災害と直接関係のない村の魅力を見つけ驚いたり、被災した地域、被災していない地域関係なく動きまわり、ある意味で無責任な提案をすることは、災害からの復興というプロセスにおいて、村民の気晴らしになったり、村を見つめなおす機会になったり、村の誇りを再確認する時間となったりと、復興事業とはまったく異なる風が村内に吹く時間であったといえます。その風に対して村民の方々は、戸惑いや迷惑を感じたとも思いますが、年々、対応に慣れてきて余裕ができ、学生たちの考えるプロセスに寄り添って成果を批評してくれるようになりました。

コミュニティ・ラーニングは、大きな災害を経験した野田村という生きている舞台で、個性豊かな先輩俳優とも言える村民の方々の営みを見て、聴いて学び、ひと時一緒に演じる（活動）ことでさらなる学びを重ねます。コミュニティ・ラーニングは、授業という形であっても歳月を重ねること、地域の変化に順応して授業を組み立てることにより、災害からの復興というプロセスに寄り添える可能性を見出しました。最も大切なことは、地域の人々と共に創ることです。毎年、授業の組み立てにあたっては、チーム北リアス現地事務所長の貫牛利一氏をはじめ、村民の方々に相談をもちかけ、その時々の村の状況、村民の心持ちを確認し、「授業としての滞在で、野田村に何が寄与できるのか」と常に問い続け、一緒に考えてきました。

震災学習列車（三陸鉄道）

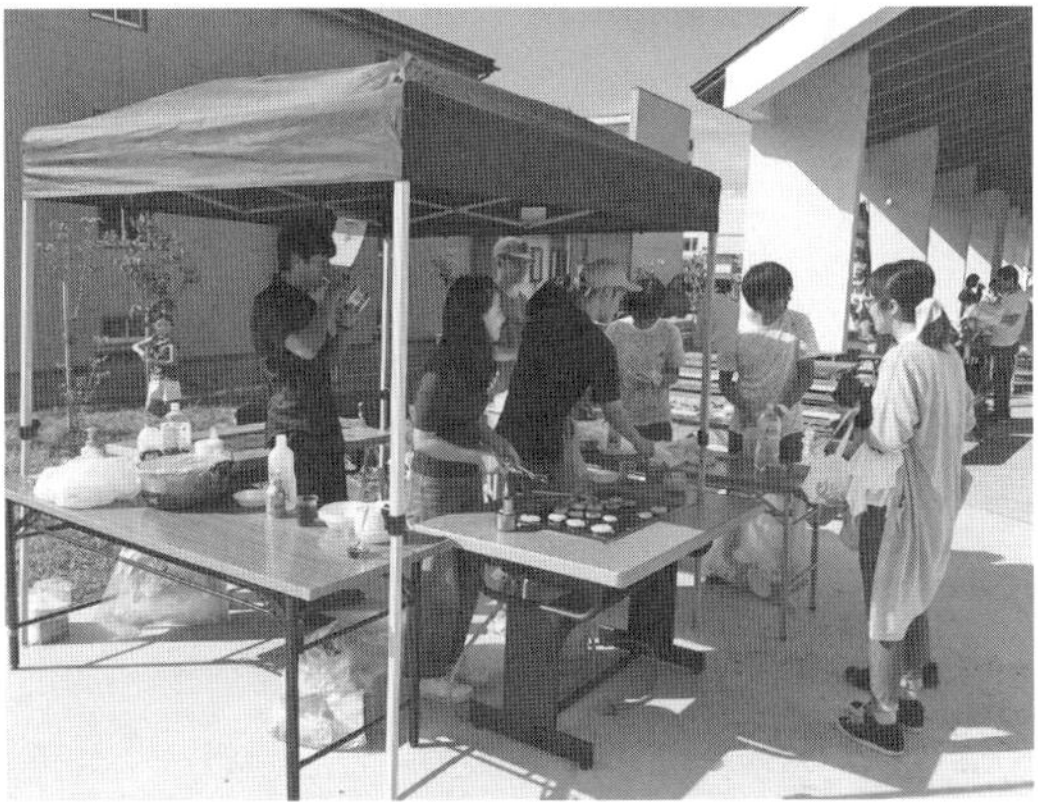
野田まつりへの出店

「何もない村だと感じるのは、実は小さな村の中にすべてが凝縮されてすべてがあったからだと思います。地方創生という掛け声の陰で個性ある田舎や村が失われる現実を感じます。多様な価値観と視点、こういった活動を通して村民に刺激をこれからも与えてください」といってくれる方がいます。コミュニティ・ラーニングは、野田村の方々と大阪大学がこれからも一緒に成長させていく授業です。

注

（1） https://www.cas.go.jp/jp/fukkou/pdf/setti.pdf

参考文献

渥美公秀（二〇一四）『災害ボランティア ―新しい社会へのグループ・ダイナミックス』弘文堂

（石塚　裕子）

テーマ2

地域にこだわり、地域で歩む

未来共生プログラムでは、地域での活動を大切にしてきました。ここで紹介する活動は、すべて地域にこだわり、そこで「継続していく」ことがキーワードとなっています。

小さなくりの木会の、二五年間の年月地道に続けられた「かわらない」活動は、これからの日本社会が迎える超高齢化社会において内発的なニーズや活動に基づくまちのデザインの必要性を示しています。

ＮＰＯ法人ウィズアスは、「まちにでかけよう」「共にたのしもう」の活動理念を貫きながら、障害者も支援者も含めた多様な人々が活動に参与することで面として共に生き、「弱さ」や「ちがい」を力にかえていく関係性をつくりだしています。

履修生がフィールドワークとしてはじめて足を運ぶ場ともなっている、あおぞら財団では、公害問題が過去の課題ではないこと、そして生活と「環境」を考える最前線で活動する人との出会いの中で持続可能な社会づくりに向けた「共生」営みの難しさを教えてくれます。

大阪市港区役所は、最も多くプラクティカルワークに関わった組織のひとつですが、「大阪大学との協働」として位置づけ、プログラム終了後も履修生の発案したプロジェクトが地域に根付くように事業を展開しています。

地域の内発的な活動を大切にすること
――豊中市桜塚校区福祉会小さなくりの木会

未来共生プログラムでは、地域での活動を大切にしてきました。小さなくりの木会とは、二〇一五年度に履修生が公共サービス・ラーニングで豊中市社会福祉協議会の活動に従事する中で出会い、二〇一六年度にはプロジェクト・ラーニングを実施し『小さなくりの木会二三年のあゆみ』をまとめさせてもらう機会をいただきました。

高齢者の支援や介護の社会化は日本社会で繰り返し議論され、旧来のシステムの課題点を捉え、それを改善していくことが必要である、と、「地域包括支援」や「介護システム」などの仕組みに注目が集中してきました。

しかし小さなくりの木会の活動は、二五年間ほとんど変わりません。私たちが学んだのは、共生が必ずしも「変化」をともなうことだけではなく、「かわらない」こともまた重要であるということでした。

二五年変わらず続けられる活動――小さなくりの木会とは

　小さなくりの木会とは、豊中市の桜塚校区福祉会の活動の一つとして、地域住民ボランティアが運営するミニデイサービスです。現在活動は五〇〇回以上を重ね二五年間継続しています。校区福祉会とは、豊中市社会福祉協議会の内部に小学校区単位で結成された民間の自主的な団体です。豊中市では校区内の身近な福祉問題を解決するために全校区に組織されています。高齢者や障害者などの要介護者の見守りや声かけ活動、給食サービス、ふれあいサロン、子育てサロン、ミニデイサービスなど様々な事業や交流行事を実施しています。

　小さなくりの木会は、原則第二第四月曜日に北桜塚会館の会議室で開か

くりの木体操

音楽サークルによるミニ演奏会

昼食のようす

れています。午前九時頃から会場設営を始め、スタッフ会議という名のお茶会がはじまります。そのうち利用者が来始めて「おはよーさん」、「今日のファッションは素敵やねぇ」、「娘さんのところへ行くと言っていたけど、楽しかった?」など、久しぶりに会う友人同士のような会話が弾み、お茶会の参加者がどんどん増えていきます。参加者が概ね揃った段階で、代表の西野玲子さんが進行役となり、大きなくりの木の下での替え歌に振りをつけて、みんなで歌い開会します。

♪　小さなくりの木の下で
あなたとわたし　仲良く　あそびましょう
小さなくりの木の下で♪

開会後は、元看護師だったスタッフが血圧チェックをしたり、音楽好きの利用者とスタッフがカラオケをしたり、スタッフと利用者が童心に戻り、ボール遊びを楽しんだりと各々で時間を過ごし、午前一一時半を過ぎると昼食の時間となります。午後は、同じように各々に思い思いの時間を過ごす時もあれば、音楽サークルの演奏会などが開催される日もあり、近所の授産施設からお菓子やうどんなどの販売タイムが設けられる時もあります。午後三時頃になると「また再来週に」と声をかけあって利用者は帰宅し、スタッフは後片付けをして解散します。

利用者もスタッフも、たくさんおしゃべりをし、笑い、ともに過ごした時間に満足感や達成感を感じたような表情で帰宅します。このような穏やかな時間と場が二五年間も変わらず続けられているのです。

二〇〇〇年四月に介護保険制度が始まり、障害者自立支援法など法制度が充実する中で、居宅介護や重度訪問介護、行動援護、移動支援といった福祉サービスメニューは充実しました。小さなくりの木会は、役目を終えたのではないかと思いながらも、西野さんと仲間たちは次のような思いで活動を続けました。

「デイサービスにつながらない方々の第一歩として、つながった後も家庭的な雰囲気を楽しみに来られる方も多く、最近では家族ぐるみの参加も増え、まだまだ会の役割や必要性を感じています。またスタッフ自身の高齢化により、行き場所・活動場所としての役目も果しながら、今日に至っております。」

社会では介助や支援が賃労働の場だけになり、さまざまなケアの時間と場所が地域コミュニティと疎遠になってきています。個人化がすすみ、福祉が専門化する中で、高齢者や障害者から一般の人を遠ざけてしまい、地域コミュニティの中で多様な人が共に過ごす時間、場所が、ますます失われてきています。そして人と人とのつながりに隙間が広がっています。

小さなくりの木会の利用者とスタッフがともに過ごした時間と場所に、この隙間を埋めるヒントが詰まっています。

変わらない活動の大切さへの気づき

二〇一六年度、同会と協働したプロジェクトを企画した履修生たちは、担い手不足を解決するための広報活動や関係者でのワークショップなどを当初は考えたようでしたが、会のミニデイサービスに参加する中で、生活の一部としての場に単発的なイベントを持ち込むことへの違和感を感じるようになります。

プログラムでつくった記念誌

担い手の高齢化や会場の継続的な確保など課題を抱えていることは確かでしたが、そうした課題を抱えつつも継続している活動の中に、未来をより良くするヒントが蓄えられているのではないかと気づき、「問題解決型のプロジェクト」ではなく未来に向かってよりよいものを伝える「未来伝達型プロジェクト」を行うこととしました。

具体的には、（当時）活動五〇〇回を記念するメッセージ集の作成と発行という着想に至りました。そして、利用者、利用者の家族、関連機関からのメッセージを収集、スタッフへのインタビューを記録して、記念誌『小さなくりの木会二三年のあゆみ』を完成させました。そのプロセスで会の関係者の思いを知ること、それらをスタッフ、利用者自身や地域の人々と共有することを目指しました。

「支える—支えられる」関係の流動性

記念誌には、くりの木会の特徴の「誰が利用者で誰がスタッフなのかわかりにくい」ことに関するメッセージが記録されています。

ここは和気あいあいと、ボランティアさん、利用者さん関係なくおしゃべりができますね（利用者）

この「小さなくりの木会」には、お世話される人・お世話する人がお互いに喜びを感じる何かがある、多分ここのイベントそのものではなく、全体的な流れ・雰囲気ではと思っています（利用者の家族）

誰がお客さんで、誰がボランティアかわからないような、そんな賑やかななかで、みんなが見守っている（スタッフ）

小さなくりの木会では、スタッフさん利用者さんと一緒に、いつも楽しみながら活動に参加している様子が印象的です。スタッフさんが「楽しい！」と思い、笑顔で活動に参加していることが、利用者さんの笑顔と二三年間の活動継続の秘訣なのかもしれません（履修生）

西野さんは「来ている人、みんなの顔が輝いてはりますね、顔がね、あんなに楽しそうに」と言います。利用者、利用者の家族、スタッフそれぞれ輝く場面があって、カテゴリーが変わっても、変わらなくても、支える－支えられる場面が流動するのがこの会なのです。

ともに過ごした時間がつなぐコミュニティ

小さなくりの木会は、桜塚校区という地縁コミュニティを基盤に介護という目的のために生まれましたが、長い年月を経て、もう一つの居場所・第三のコミュニティを形成しました。九〇歳の超高齢となり地域を離れケアハウスに入居した人、単身居住となり地域外のグループホームに入所した若年性認知症の人、地域外からスタッフに声をかけられて通う人、など地域で生活していない利用者も少なくありません。

利用者もスタッフも、利用者の家族もここに集い、互いに時間をあげて、時間をもらい、共にその時間を過ごすことを通して、くらしに安心感や楽しみを享受しています。そうした相手に「時間をあげる（広井二〇一一）」行為としてのケアが、ひとり一人に役割を与え、一日をともに過ごす中で充足感や満足感を感じさせるのでしょう。

内発的なものにもとづくまちのデザイン

日本は二〇〇八年をピークに人口減少時代を迎えました。高齢化はさらに進行し、世帯の小規模化、未婚化・晩婚化により、多くの世帯が単独世帯となっています。こうした変化の中、家族や自治体が対応してきた役割の一部を地域コミュニティが担わなければならない時代になりました。

地域コミュニティの量的なマンパワーは限られ、コミュニティが希薄化する中、市民ひとりひとりの活動の質をいかに担保するかが、まちづくりに求められています。それには外発的なプランニングではなく、内発的なニーズや活動にもとづく、まちのデザインが必要です。どのような人々が、どのような具体的な場所、空間で、どのような活動をしているのか、丁寧に見ていくことから、まちをデザインする必要性を小さなくりの木会を通じて学ぶことができるでしょう。

豊中市では、地域包括ケアシステム推進のために、小学校区に小地域福祉ネットワークを構築し、中学校区・日常生活圏域に「地域福祉ネットワーク会議」を設置し、市全体で「地域包括ケアシステム推進総合会議」を設ける三層のネットワーク構造を計画しています。しかし、小さなくりの木会は、豊中市が設定する小地域福祉ネットワークを基盤としながらも三層のネットワークを跨ぐコミュニティです。地縁だけでもなく、特定の目的を達成する組織でもない、複層的なコミュニティであり、第三のコミュニティと言えるでしょう。同会は、北桜塚自治会館という場で二五年間「変わらない活動」を展開しそのコミュニティを創ってきました。それは時間の流れの中で変化してきた動的なものであり、今後もそうであることを阻まない、まちのデザインだといえます。

（石塚　裕子）

参考文献
石塚裕子（二〇一八）「変わらない活動から生まれた新たなコミュニティ：桜塚校区福祉会小さなくりの木会」『未来共生学』五、大阪大学未来戦略機構第五部門未来共生イノベーター博士課程プログラム
豊中市（二〇一七）『豊中市地域包括ケアシステム推進基本方針』
広井良典（二〇〇〇）『ケア学――越境するケアへ』医学書院

〈弱さ〉のちからを地域の力に

――特定非営利活動法人ウィズアス

神戸ユニバーサルツーリズムセンター

誰もが生活しやすい状況を作ることは共生の理念です。しかし、マイノリティへの支援は、ときに支援―被支援の関係を固定化してしまい、被支援を常に「弱者」の立場に位置づけ続けることにも繋がりかねません。

どのようにすれば立場の固定化を招かない支援ができるのでしょうか。NPO法人ウィズアスには、二〇一四年度公共サービス・ラーニングで履修生を受け入れていただきました。そこでは、多様な人々が活動に参与することで地域として共に生きる関係を作りあげ、「弱さ」や「ちがい」を力にかえていく学びがありました。

ユニバーサルツーリズムセンターとは

青い海を望む、神戸の街のランドマーク、赤いポートタワーの袂に神戸ユニバーサルツーリズムセンター（以下、神戸ＵＴという）はあります。神戸ＵＴは、ＮＰＯ法人ウィズアスが運営する就労継続支援事業Ｂ型の作業所です。ユニバーサルツーリズムセンターとは、高齢であっても、障害があっても誰もがいっしょに旅が楽しめるようサポートするワンストップセンターのことをいい、移動、宿泊の手配、相談から、介助者の派遣、旅のコンシェルジュ（観光ガイド）までさまざまなサービスを提供しています。

神戸ユニバーサルツーリズムセンターの玄関

神戸ＵＴの事業には、神戸市内の駅やホテル一一箇所に車いすの無料貸し出しステーションを運営する「ＫＯＢＥどこでも車いす」や、ユニバーサル情報を利用者視点で紹介する「神戸ユニバーサルライフ情報誌びと（bito）」などがあります。情報誌「びと」は一六ページフルカラーで一万部、年四回発行しています。これらの事業を神戸ＵＴに勤める障害のある仲間たちが担っています。旅のコンシェルジュも同様です。コンシェルジュ担当の下肢に障害のある車いすユーザーの仲間は、バスや鉄道を使って車いすでも難なく移動し、神戸の魅力的な観光地やお店に来訪者を案内します。入口の段差やトイレの場所の情報をはじめ、日頃から利用して気心しれた店員さんがいるお店など、来訪者がユニバーサルに神戸を楽しむために必要な情報をたくさんもっているのです。

「まちへでかけよう」「共に楽しもう」

活動の原点は、NPO法人ウィズアスの代表である鞍本長利さんが、障害のある二人の娘さんの生活を暗中模索する中で経験したことにあります。

ひとつは、障害のある子どもの親として一〇数年もの間、少しでも歩けるように、話すことができるように〝娘のため〟に朝から晩まで訓練を続ける日々の中で、鞍本さんのお父さんが車椅子で娘さんを散歩に連れだし、外に出かけるごとに小麦色に日焼けしたかわいい笑顔になる娘さんを見て、歩けない話せない娘さんをそのまま受け入れることが大切だと気づき、訓練という言葉が家から消えたという経験です。そしてもう一つは、家族でハワイ旅行に行った時に、日常と変わらず娘さんの入浴や食事の介助に奔走する鞍本さんに、現地の初老の男性がバギーに乗った娘さん誘って踊った後に、娘さんには〝Enjoy Your Life〟、そして鞍本さんに〝And You!〟と言われた経験です。鞍本さんはこれらの経験から「まちへでかけよう」「共に楽しもう」という活動理念を掲げ、さまざまな活動を展開します。

一九九〇年当初は、重度の障害者は就労する場がなく、行く先がまったくありませんでした。そこで毎日通うことができるデイサービスを開設しショートステイを始め、障害のある人の暮らしを支える人のつながりを地域につくっていきました。その最中に起こった阪神・淡路大震災では、重度の障害者と全国から駆けつけたボランティアが集団避難生活を送る拠点をつくりました。これらは環境に左右されることなく、障害のある人々が普通に生きられる地域をつくろうという鞍本さんの意志が貫かれています。

そして震災後、神戸UTの活動の原型とも言える「トゥモロー編集室（地域情報誌）」が開設されます。例えば、電球を交換してくれる電気屋さん、野菜を配達してくれる八百屋さん、車いすでも入れるお店など、障害がある仲間たちの視点から地域の情報を発信しはじめました。「トゥモロー」は、障害がある仲間たちが、地域から支援を受ける側から、地域にサービスを提供する側へと転換した活動で、障害があるという〈弱さ〉を前にしたひとの関心を引き出す力で、地域の人をつなぎ、地域の力となっていきました。

ウィズアスの仲間たち

貝原俊民美しい兵庫づくり賞
特定非営利活動法人 ウィズアス 様
貴団体は高齢や障害があっても誰もが気兼ねなく
神戸での旅行を楽しめるユニバーサルツーリズム
に取り組み その情報を全国発信するとともに
無料レンタル「どこでも車いす」事業や宿泊
観光 福祉等のサービス間ネットワークの構築など
ハード面のバリアをカバーする受け入れ体制づくりに
貢献し ユニバーサルツーリズムの普及・促進に寄与
されました その先進的な地域づくりの功績を
讃え 今後全国・県内各地との連携など一層の
活動を期待してこの賞を贈ります
平成二十八年十一月二十一日
一般財団法人 地域政策研究会
理事長 貝原 俊也

活動の賞状

さらに、市民プロジェクトとして神戸ユニバーサル観光ガイド第一号を発行し、神戸ソーシャル・ベンチャー・アワード賞を受けました。国の産業創出事業や地域活性化事業としても注目され、二〇〇六年から五年間、経済産業省、国土交通省など各省庁のモデル事業に採択され、同様の取り組みをする沖縄や北海道、松江、熊本等の各地域の団体との連携が実現、二〇一一年五月に全国各地のツアーセンターの連携組織であるＮＰＯ法人日本ユニバーサルツーリズム推進ネットワークを設立しました。

ハード面だけでなくソフト面を重視すること

二〇一四年度、国際公共政策研究科の履修生が神戸ＵＴで公共サービス・ラーニングを行いました。フォーラムへの参加や「びと」の納品配布の手伝いの他、ハーブクラブという花壇の手入れや山の幸染め、紙すきなどの交流活動を手伝いました。それまで障害のある人との接点がなかった履修生は、最初は緊張していましたが一緒に作業をしながら他愛もない話ができるようになり、自分が手伝う側にいるという考え自体に驕りがあると感じはじめます。そして職員から「今できることをどう社会につなげていくかを考えるのが障害福祉の公共サービスであり障害のある人々の傍らにいる私たちの役割」『できるようにする』のが目標ではなく、本人らしさを豊かに生かしていくことが大事であり、求められている」という言葉に理解を深めることができるようになっていきます。

障害当事者による観光プロデュースを通して、エレベーターや多目的トイレ、スロープといったハード整備だけでなく、人の対応次第でハード面の困難を補うことができることに気づきます。人と人のコミュニケーションにより移動が円滑になったり、外出意欲が向上したりと、ユニバーサルデザインのまちづくりにはソフト面が重要であることを学びます。国が推進するユニバーサルデザインのまちづくりではハード整備に力を入れている中、「神戸ＵＴでは、ハード面の整備の必要性をふまえつつ、ハード整備だけでは解決できない問題を、『ソフト面を重視』して特色ある取り組みとして展開していること」に気づきました。

また、本やネットでは知り得なかった、障害当事者とその周りで共に活動する人々が「今この時に何を思い、感じているのか」を肌で感じることを通して、課題への意識や関心が心情的に醸成されたといいます。

障害のある仲間の〈弱さの力〉が社会を変える

「まちへでかけよう」、「共に楽しもう」を合言葉とした鞍本さんとその仲間たちの活動は、暮らしを支える地域から、全国へと広がり、障害のある仲間たちがまちに出かけ、そして全国から障害のある仲間たちを迎えることで、彼らがもつ〈弱さの力〉で地域に新たなつながりを生み、人がやさしくなり、共に楽しく活動する仲間を増やしています。

神戸 UT が立地する街の様子

参考文献
石塚裕子（二〇一七）「障害のある仲間達から「まちづくり」へのアプローチ：ＮＰＯ法人ウィズアス　神戸ユニバーサルツーリズムセンター」『未来共生学』四、大阪大学未来戦略機構第五部門未来共生イノベーター博士

課程プログラム
えんぴつの家・ライフディケア（一九九五）『障害者たちの一四四日　阪神・淡路大震災と集団避難生活』垂水障害者支援センター
鞍本長利（二〇一二）『ライフディケアの二〇年とＮＰＯ法人ウィズアスの一〇年のあゆみ』
松岡政剛（一九九五）『フラジャイル』筑摩書房
ジャンニ・ヴォッティモ・ピエル・アルド　ロヴァッティ（二〇一二）『弱い思考』法政大学出版局
鷲田清一（二〇〇一）『〈弱さ〉のちから』講談社

（石塚　裕子）

過去の経験に学ぶ大切さ
——公益財団法人公害地域再生センター（通称：あおぞら財団）

未来共生プログラムの履修生がフィールドワークとしてはじめて足を運ぶのがあおぞら財団です。また二〇一六年度、二〇二〇年度と公共サービス・ラーニングでの受け入れもしていただきました。

フィールドワークでは、地域の観察や、聞き取りの初歩を経験します。公害問題は過去の課題と捉えがちですが、アジアの留学生にとって大気汚染公害は、今母国で起きている課題であり、「環境」を考えることは、いまでも世界の主要課題です。題目としての「環境」ではなく、最前線で活動する人々とともに、生活の手触りを感じる中で「共生」の難しさを学んできました。

あおぞら財団の背景——西淀川大気汚染

日本では一九五〇年～一九七〇年代にかけ、高度経済成長が優先されて、市井の人々の健康や暮らしを破壊する産業公害が深刻化しました。イタイイタイ病、水俣病、四日市ぜんそく、新潟水俣病の四大公害以外にもたくさんの公害が発生しています。そのひとつである西淀川大気汚染公害の訴訟による和解金の一部を基金として一九九六年に設立されたのが、公害地域再生センター（以下、あおぞら財団）です。

公害患者と家族の会の語りべ

西淀川大気汚染公害訴訟は、訴訟への取り組み方と和解後の展開に大きな特徴があります。患者が人権意識をもって公害を自ら告発できるよう、参加する患者が主体的な力をつけ、地域の公害対策を進める運動を行ったからです。西淀川大気汚染公害裁判は、日本で最大の原告を数える公害裁判となりました。

取り組みの特徴のもう一つは、「地域再生」、「まちづくり」を掲げたことです。患者会が「まちづくり」等の地域共通課題をかかげ、公害反対運動を被害者運動から「住民運動」へ実質化させようとしました。一九八〇年代以降は、大阪都市環境会議や府内の消費者運動などともネットワークを形成し「環境再生のまちづくり」が先駆的に提起されました。西淀川公害患者と家族の会

「環境・福祉・防災・文化・生業」の視点から、西淀川の地域再生に取り組む	地域再生（地域資源の活用によるまちづくり） 交通再生（交通マネジメントセンター機能の強化） 安全再生（防災まちづくりの推進） 健康再生（地域での呼吸ケア・リハビリテーションの普及） 交流再生（地域の交流拠点でのソーシャル・ビジネスの立ち上げ） 文化再生（西淀川の資源を活かした環境文化をつくる）
公害の経験から学び、未来を創る市民を育てる	公害教育・研究センター機能の強化 西淀川・公害と環境資料館（エコミューズ）の運営
公害経験を伝える国際交流	大気汚染経験等情報発信

表４　あおぞら財団の活動一覧（あおぞら財団パンフレットから筆者が作成）

は、一九九一年に「西淀川再生プラン」（パート1）を発表し、〝手渡したいのは青い空〟という、被害者の補償だけを求めるのではなく、次世代に大気汚染のない環境をという願いが込められた合言葉が生まれました。

あおぞら財団の活動

あおぞら財団では〝手渡したいのは青い空〟を実現するため、訴訟和解後の社会づくりに取り組んでいます。公害地域の環境再生・持続可能な社会づくりをめざして活動しています。

具体的には表に示す三つのテーマで活動をしています。交通再生として、道路を走る自動車からの排出ガスを抑制する対策としてトラック事業者や自治体・専門家と協働で、エコドライブの実証実験・普及や、西淀川の住民と共に交通まちづくりを考えるプロジェクトを行ってきました。健康再生としては、呼吸ケア・リハビリテーションの普及を図ります。学校教育や独自の教材開発や研修メニューなど、公害の経験から学ぶ場も創ります。その他、西淀川という地域に根差す活動と、公害という失敗を繰り返さないために世界へ、未来へ伝え、先導する活動の両輪でさまざまな活動を展開しています。

過去の経験から共生を考える

財団では、公害の経験から学び未来を創る市民を育てるため、さまざまなアプローチで公害の経験を伝えてきましたが、その活動は簡単ではありません。難しさの一つは、経験には健康被害だけでなく、精神的苦痛や家計の圧迫を含む家族の被害、周囲の無理解や差別を通じた地域レベルの被害といった複雑な被害構造があるからです。

もう一つは、公害が、被害者と非被害者、住民と企業など地域に分断を生じさせることです。今でも「そもそも地域住民にとってみれば、『公害被害地』とみなされることは、地域の評価を下げる要因になるものであり、忘れてしまいたい人もいる」（栗本　二〇一七）と言います。「財団を作ったら、企業も自治体も共にやってくれると信じていたのに、裁判の『しこり』、運動の『しこり』が残っていて、行政との関係性や、地元の人たちとの関係性がうまくいきませんでした。裁判をしていた時は『しこり』に気がついていませんでした。本当は、まちづくり案は地域の人たちと創らなければならなかったと、今では思いますが、当時はこちらが大きな希望を出せば出すほど、地域からは反発を受けてしまいました。当時の私たちの態度は運動的で、地域の人たちと対話ができていなかったと思います。」（森脇　二〇一六）と振り返っています。

このため、あおぞら財団では被害の実態だけでなく、〝どのように公害を克服してきたのか〟を学ぶ方法を探求し、教材をつくり、スタディツアーを実施しています。

現地でのフィールドワークの様子

「五つの家族」ワークショップの様子

履修生たちの学び ——「五つの家族」

大阪大学でも未来共生プログラムの授業として、フィールドワークを行ったり、公害患者の語りを聴かせてもらったり、ワークショップなどの授業を行ってきました。その中で「共生」を考える上で特に学びが多いと感じたのは、シミュレーション教材「五つの家族」です。この教材は、一九六〇年代の西淀川公害当時の資料やヒアリングをもとに、五つの家族の物語を創作し、一九六〇年代から一次判決が出た一九九一年までをロールプレイを通じて疑似体験をします。

履修生たちは、二〜五人のグループで「家族」を演じ、家族内でも意見や価値観が違う役割を演じます。そして「地域」という舞台で家族間の話し合いを行います。その過程の中で、それぞれの家族がおかれた立場によって意見が異なること、地域の課題に気づいて何かしなければと思い立っても、実際に行動に移すことは難しいこと、公害解決のために行動する人たちに対して反発する住民との間に分断が起きることなどを、演じる中で体験します。過去の事実に基づいた物語を追体験する中で、さまざまな人々と共に生きることの難しさや、共感してもらえる人を見つける喜び、共に行動することの力強さを理解できるようです。その追体験に現実味を与えているのは公害患者と家族の会の語りであり、地域を実際に歩いた経験が活かされていました。

あおぞら財団の試みは、過去の経験に学ぶ大切さと有用性を教えてくれます。その一方で、学ぶ側の私たちの姿勢も問われています。資料を読み、現場を見て、当事者の話を聴き、そして追体験する、その学びのプロセスを大切にしてこそ、過去の経験を学ぶことができると言えるでしょう。

（石塚　裕子）

参考文献

あおぞら財団ウェブページ http://aozora.or.jp/
栗本知子（二〇一七）「公害に向きあった市民の経験に学ぶ―あおぞら財団の教材開発の試み―」『J-CEF NEWS No. 15』三–六頁.
林美帆（二〇一三）「西淀川の公害教育」『西淀川公害の四〇年』ミネルヴァ書房、六五–一〇三頁.
宮本憲一（二〇一四）『戦後日本公害史論』岩波書店
森脇君雄（二〇一三）「監修者あとがき　夢追い人生～トンボが飛びかう西淀川を―」『西淀川公害の四〇年』ミネルヴァ書房、二五八–二六〇頁.
森脇君雄（二〇一六）「りべら」一四二号 http://aozora.or.jp/pdf/libella142.pdf
除本理史（二〇一三）「公害反対運動から「環境再生のまちづくり」へ」『西淀川公害の四〇年』ミネルヴァ書房、三–三〇頁.

公共の場で地域をコラボレートする
――大阪市港区

大阪市港区役所には、二〇一三年から二〇一七年まで公共サービス・ラーニングを四年間、その後、プロジェクト・ラーニングとしてさらに三年間、履修生を受け入れていただきました。

この間、最も多くプラクティカルワークに関わっていただいた組織のひとつといえます。港区担当部署である協働まちづくり推進課では、「大阪大学との協働」として位置づけ、プログラム終了後も履修生の発案したプロジェクトが地域に根付いていくように事業を展開されています。

履修生は「新しい公共」をコラボレートすること、それを担うことの面白さや大変さ、その責任、何よりその醍醐味を体感したように思います。

ボトムアップのまちづくり

大阪市港区は、大正から昭和にかけて近代港として発展した大阪の玄関口で、現在は海遊館や天保山大観覧車などの観光スポットとして知られる築港・天保山エリアを擁しています。一方、地域活動が活発で、住民どうしのつながりも強く、下町の情緒あふれる地域としても知られています。

大阪市港区役所協働まちづくり推進課では、二〇一三年から「大学との協働」を一つの柱にして、市民協働のまちづくりに取り組んでいます。ちょうど市政改革によって新しい区運営が始まり、「ニアイズベター」（住民に近いところで行われる決定ほど望ましいという地方分権の考え方の一つ）による区民主体のまちづくりに力点が置かれるようになった時期です。地域課題に対して行政と市民が協働し、ボトムアップのまちづくりを進めていくようになりました。

公共サービス・ラーニングとプロジェクト・ラーニングで、履修生の受け入れを担当したのが、社会教育主事として大阪市に就職し、解放会館や青年センターなどの社会教育施設での経験がある課長の花立都世司さんです。

港区の課題を履修生と探る、市民と共有する

履修生たちの活動は授業である以上、期限が限られています。港区役所では、受け入れが終わっても、履

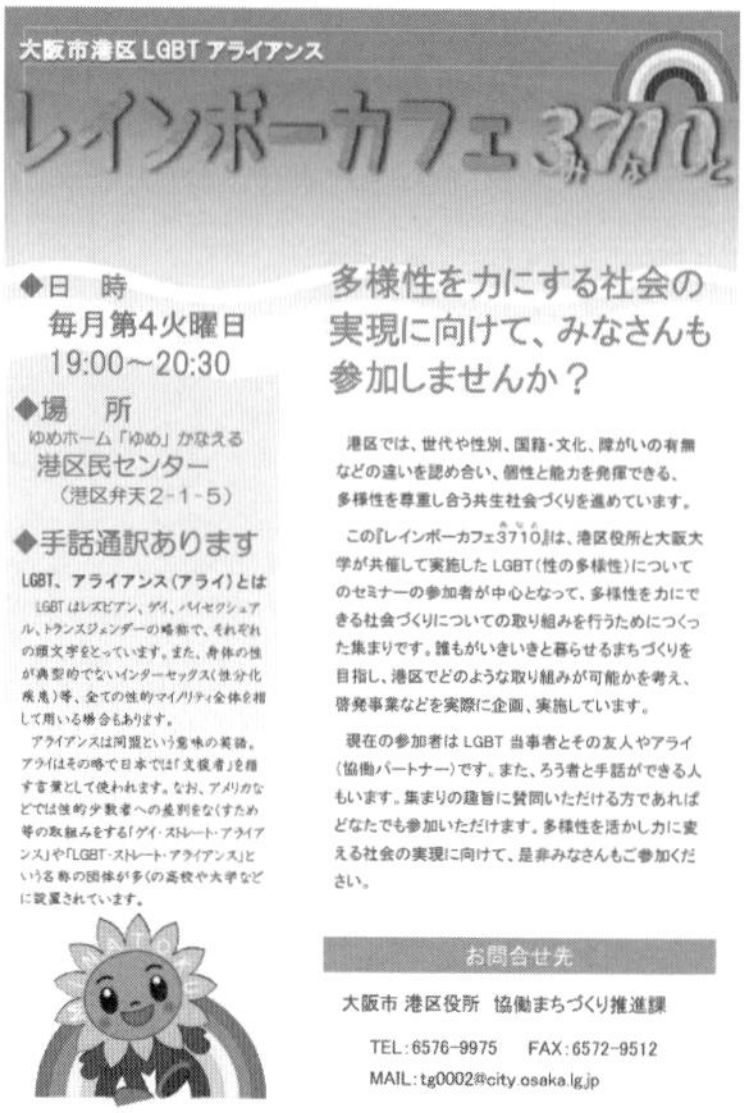

レインボーカフェ 3710 チラシ

修生たちのプロジェクトを事業化し、市民活動を立ち上げ、市民グループをサポートしながら、事業を展開しています。

その一つが、こどもの居場所づくり活動「エルカフェ」（二〇一五年〜）です。港区には学校ボランティアの不足、学校外の営利でない学習の場の不足、こどもの居場所の必要性という課題がありました。塾を経営しながら大学院で法律を学んでいる履修生が自らの関心と港区の課題をリンクさせ、公共サービス・ラーニングでは、小中学校で学校教育活動を支援しているボランティアに聞きとり調査を行い、プロジェクト・ラーニングではチームを結成し、放課後に学習ができるこどもの居場所づくりを目指した「こどもの居場所づくりプロジェクト」を実施しました。履修生たちのかかわりは講座の開催まででしたが、講座終了後、港区がその参加者の継続した集まりを実施しました。その結果、小中学生を対象にしたエルカフェができました。そこから、「こどもたちの笑顔をつなぐ会」という不登校のこどもの親の集まりが生まれました。同会は、社会福祉協議会の登録団体として自立した活動をしています。

もう一つは、多様性を力にする取り組みである「レインボーカフェ3710（みなと）」（二〇一五年〜）です。ＬＧＢＴなどを専門に研究する履修生が、公共サービス・ラーニングでろうＬＧＢＴという複合的な課題をテーマにした啓発セミナーの企画運営に関わり、当事者に必要な情報が届いていない課題やネットワーカーの必要性を提案し、プロジェクト・ラーニングで「ダイバーシティ・プロジェクト」に取り組みました。内容は、セミナー終了後の集まりを定期的に開催し、当事者を含む関心をもつ人たちで対話を続けることでした。毎月一回の定例会ができ、その中から「レインボー3710」という市民グループが生まれました。

地域コミュニティとテーマコミュニティをつなぐ

地域コミュニティ（地縁型組織）と、市民活動やＮＰＯなどのテーマコミュニティ（テーマ型組織）は、組織基盤やミッションが各々異なるため交わることがあまりないという課題がしばしば指摘されます。エルカフェやレインボーカフェ3710には、地域活動に熱心にかかわる女性会の部長、民生委員、青少年指導員、ＰＴＡなどの役員をしている人がかかわっていて「ＮＰＯの先端みたいな活動をしているのが強み」だと花立さんは話します。

レインボーカフェ3710のスタッフは、「みんなが性の多様性について当たり前に思ってくれたら」と地域の集まりに顔を出しては、できるだけＬＧＢＴについて話題にし、普通の話題にしていきます。エルカフェスタッフの一人は、地域で役員をしている更生保護の研修会で不登校のこどもをテーマに講演会を企画しました。地域活動をしている人は顔が広く、そこで理解がすすめば地域は確実に変わることを知っているからです。こうして、二つのコミュニティを行き来する「人」を通して、港区版のアドボカシー（政策提言、権利擁護）が生まれています。

「人の顔の見える」関係

不登校、ＬＧＢＴ等の社会課題に取り組む際、当事者と非当事者は二項対立的に捉えられがちです。しかし、エルカフェでもレインボーカフェ3710でも、アライアンスは重要な「協働パートナー」となります。アライアンスとは、英語の同盟（alliance）を意味し、支援する人々、問題の解消に向けて共に取り組む人々のことを指し、略してアライと呼ばれます。海外ではゲイ・ストレート・アライアンスなどがあり、大学や高校を中心に展開されていますが、レインボーカフェ3710は、地域ベースのＬＧＢＴアライアンスというのが特徴です。

地域に根ざし、「人の顔の見える」関係性の中で協働を進めていくことは、誰もが当事者でありアライでもあるという複合的で柔軟なかかわりを生み出すことにもつながります。そのようなネットワークこそが、「多様性を尊重し、異なる個人や領域を横断的につないでいく多元的な公共圏」（花立　二〇〇一）の創出だといえます。

しくみをつくる

二〇一三年に大学との協働を始めるにあたり、「新たに業務が増えることに対して見合う成果を出せるのか、また受け入れた履修生にとって有益な内容とできるか」などの懸念や検討課題があったと、花立はいいます（今井　二〇一八）。履修生には期限がありますが、行政はそこから始まります。「プロジェクト」を足がかりにして、「事業化」が進められ、エルカフェやレインボーカフェ 3710 がスタートしました。さらに単独の事業とせず、「パッケージ化」が目指されました。例えば、不登校児童生徒の支援施策のパッケージの重要な部分を担う形で、スクールソーシャルワーカーやスクールカウンセラーが配置され、不登校児童生徒支援の有償ボランティアの学校への配置といった中にエルカフェの開催を位置づけ、エルカフェと同じ時間帯に臨床心理士による教育相談や不登校のこどもの親の集まり「サロン de ゆるり」（「つなぐ会」主催）を実施することで、相互に連携が図れるようにしたのです。

　履修生の関心や研究テーマと地域課題をつなげ、当事者の声を丁寧に聞く中で、行政として取り組むべき課題を事業体系に落とし込み、同時に市民主体の運営を意識しながらしくみをつくっていくプロセスは、長年の経験の中で培われた技法のように感じられま

エルカフェ（2019 年冬こうさく教室）

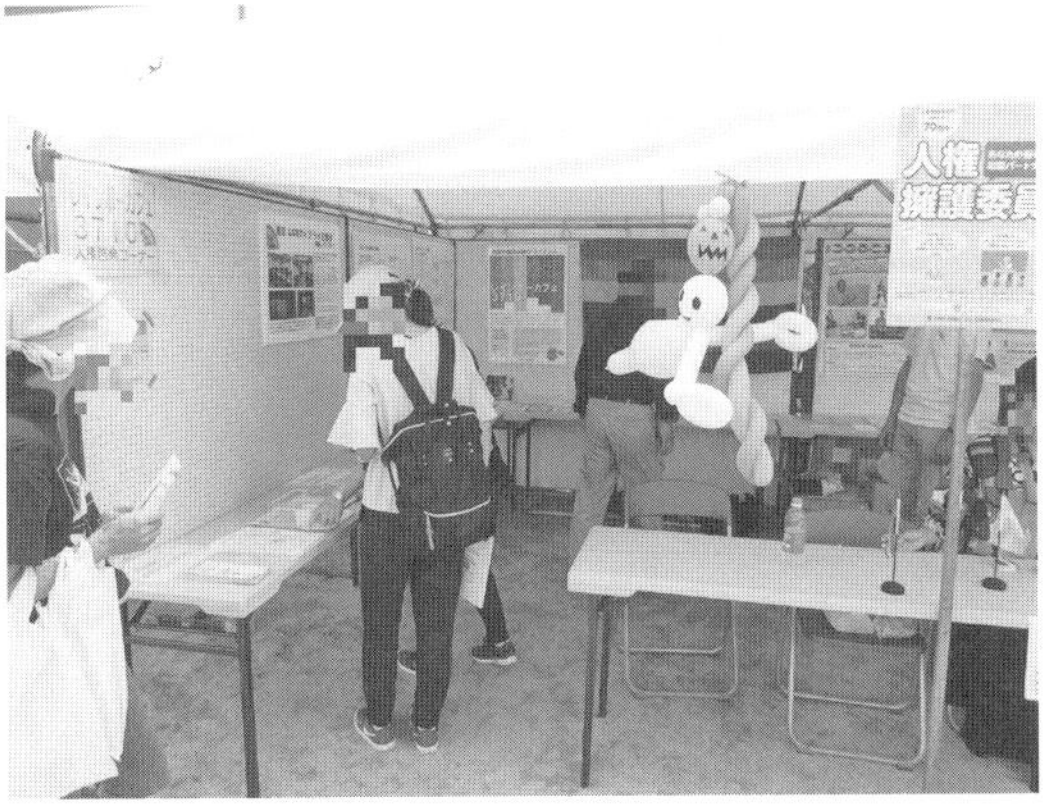

レインボーカフェ 3710 ブース出展（2018 年区民まつり）

す。

制約が生み出す新しい創造

行政と市民との協働には、異なる原理で動くもの同士の目標のすり合わせ、意思疎通や調整の難しさ、力関係の問題など、課題は多いです。行政は政策や人事異動などがあり、さまざまな制約があります。履修生は、最終報告書の中で、「行政、当事者や外部主体といった様々なアクターが協働で行う市民活動においては、それぞれのアクターでアジェンダが異なり、それ故、人と人の「対話が」不可欠で重要なものである」「対話により深く踏み込んで考える必要があるのではないか」（木場・謝・西山　二〇一五）と記しています。

花立さんはその制約をネガティブに捉えず、「制約が新しい創造を生み出す」と語ります。また、地域で協働することの醍醐味について、「こういう人がいたら、社会が足元の地域社会から変わっていくという展望」があることだといいます。協働という言葉がニュアンス的にもつ組織間のかかわりや固定的な関係性を超えて、「人の顔の見える」関係にあるときに創造が生み出されるのでしょう。

行政の生み出すしくみは、人との関係から生まれ、人とのつながりがあってこそ活かされるのだという、根本的な姿勢が、港区の取り組みから見えてきます。

参考文献
今井貴代子（二〇一六）「地域社会に広がる“Nothing About Us Without Us”―大阪市港区協働まちづくり推進課」『未来共生学』

五、大阪大学未来戦略機構第五部門未来共生イノベーター博士課程プログラム

花立都世司（二〇〇一）「ネットワーク」『部落問題・人権事典』部落問題・人権研究所編

（今井　貴代子）

テーマ3

貧困・排除と向き合う

未来共生プログラムは、大阪でいう「しんどい地域」での活動に積極的に関わってきました。そうした現場には、日本社会における格差や不平等がかならず映しだされているからです。そこでの学びとは、「知る」だけではなく「関わり」「変えていく」ことの必要性であり、そうだからこそ問われているのは自分自身であることを気づかされます。

西成高校では、西成というコンテキストを、その歴史も含めてしっかり把握し、〈いま〉を生きている子どもたちに向き合うことの難しさを学びました。履修生たちにとっては消化しきれない課題が毎回残り、未来共生プログラムとして『西成×ＲＥＳＰＥＣＴ２０１８』というフィールドとワークショップを含めた取り組みを実施し、記録に残しました。

こどもの里は、大変厳しい状況の子どもたちと向き合う活動であるにもかかわらず、年の近いお兄さんお姉さんたちを歓迎してくれる中でつながりました。未来共生プログラム三期生の横木那美さんが自分の目線から何を学んだかを書いてくれました。

しょうないガダバが地域の居場所づくりに取り組みはじめたのと、未来共生プログラムのスタートはほぼ重なっています。〝核家族化。ひとり親家庭。高齢化。地域関係の希薄化。雇用の流動化。公共施設の減少……〟などさまざまな悩みを抱え孤立するひとを繋ぎとめる社会の結節点を目指してみんなで建てたガダバですが、その初代管理人に履修生がなりました。

学びと支援の新たな統合
——大阪府立西成高等学校

西成高校には公共サービス・ラーニングで二〇一四年、二〇一七年、プロジェクト・ラーニングで二〇一八年に履修生を受け入れていただきました。履修生たちにとっては消化しきれない課題が毎回残り、未来共生プログラムとして『西成×RESPECT2018』というフィールドとワークショップを含めた取り組みを実施し、記録に残しました。

西成というコンテキストを、その歴史も含めてしっかり把握し、〈いま〉を生きている子どもたちに向き合うことは、「第三世界での貧困と教育」を研究する大学院生でも（だから？）困難です。そこには未来共生プログラムで身につけるべき八つのリテラシーに含まれないエモーショナル・リテラシーが必要なのではないかと考えるようになりました。

西成差別とその内面化

西成高校は、一九七〇年代に全日普通科高校として開校され、二〇〇三年より普通科総合選択制に改編、二〇一五年より総合学科・エンパワメントスクールに改編された、大阪市西成区にある大阪府立高等学校の一つです。

西成高校正門

明治期「大大阪」が近代化されるとともに、周縁に労働市場のドヤ街が西成の釜ヶ崎に形成され、戦後高度経済成長期労働者たちの暴動報道などで西成へのマイナスイメージが形成され、現在に至っています。

西成高校が位置する地域は、他の地域に比べて厳しい状況の中で暮らす人の割合が高く、高等教育の大衆化から置き去りにされた層で内面的には大人への不信感を抱えた生徒たちが多くいました。学校が「荒れた」時期もあり、生徒たちがステレオタイプ化された西成差別をそのまま自分の中に取り込んでしまうことが普通に起きていました。

学校はさまざまな困難をかかえる生徒たちを中心に据えた教育実践を継続し、開校当初より、部落解放教育、在日韓国・朝鮮人解放教育、障害者解放教育、女性解放教育に取り組みました（三

反貧困学習がテレビでとりあげられる

○周年記念誌）。

西成高校の「西成学習」

生徒たちが「西成」の当事者としてのイメージ化や内面化していくことに対し、二〇〇七年から「西成学習」を始めました。それまで実践していた人権学習を「反差別」から「反貧困」という文脈に再構成する取り組みでした。

「西成」を日本の社会問題が象徴的に集積する場と捉えて、自らの生活を社会状況と重ね合わせながら考える学習です。現代的貧困を生み出している新自由主義による社会構造があること、歴史的につくられた差別と貧困の関係に気づくこと、社会保障制度が活用できるようになったり、非正規雇用も含めすべての労働者の権利を知ることなどの視点を人権総合学習として再編成し、『反貧困学習』としたのです（大阪府立西成高等学校　二〇〇九）。

二〇一四年度に公共サービス・ラーニングでこの教育活動に参加した履修生は海外の貧困地域における教育問題について研究していましたが、日本国内での現場に入るのは初めての経験でした。大学進学が生徒の主たる希望進路でないという状況に驚かされながらも、そうであるからこそ、詰め込み型ではなく、課題解決型の取り組みは実現しやすいことに気づきます。しかし、学びそのものに向き合いにくい生徒たちが課題解決型学習に向かう切実性をどう喚起できるかという疑問も頭に浮かんできました。しかし理論以上に地道な実践が結んできたものが高校での取り組みでした。困難を抱えた生徒を中心とした教育実践が蓄積されてきたからこそ、格差の連鎖を断ちすべての生徒の自立を支援する『反貧困学習』は成立してきたのです。

全国初の「高校校内居場所カフェ」の誕生

高校の中途退学は長いあいだ問題視されていましたが、「形式的」には義務教育が終わっていることもあり、中退自体が個人の責任とされがちで、一旦ドロップアウトしてしまうと潜在化してしまうという深刻な課題を伴っていました。それらを未然に防ぐ場として、学校でも家庭でもない第三の場所が試行されはじめました。

西成高校では、家庭内にパーソナルスペースやほっとするスペースがない生徒たちが少なからずいることがわかってきたなか、大阪府の委託を受けて二〇一二年の二学期に、一般社団法人officeドーナツトークが高校内に「となりカフェ」をオープンしました。

学校の職員は原則的に立ち入らない場所は、ともすると生徒を甘やかす場、教員の手の届かない場として、理解を得られにくかったと思われます。しかし、〝親世代の「貧困」の連鎖、それに続く「生活苦」や「育児への無理解」、その結果としての「虐待（暴力やネグレクトや支配）」、そのために引き起こされた「二次障害」や「不登校」、こうした因果関係の連鎖の中、本校の生徒は、私たち教職員よりもはるかに日々を乗り切る力に長けたサバイバーとなっている〟（居場所カフェ立ち上げプロジェクト　二〇一九）であるなら、中産階級出身の成功者である教員の存在そのものが彼らの前で問われるべきだというのです。

カフェには、マグカップやグラス、クッキーやチョコレートが用意され、時には提携先の家庭菜園からその日にとれたてのいちご、各地の漬け物やめずらしい品種のトマトなどが振る舞われます。日本や世界の音楽のＢＧＭが選ばれ、コーヒーの香りが漂うといった、ある種の文化的なシャワーを浴びる空間となっているのです。カフェスタッフは、一〇代最後のセーフティーネットとしての高校から生徒たちがこぼれ落ちることを防ぐために、保護者や教員とは違う価値観を持つオトナとして、誰でも気軽に立ち寄れ気軽に話せるための安心安全な場所づくりに務めます。その中でキャッチされた生徒の抱えている背景や課題を、必要に応じて、教職員、スクールソーシャルワーカー、スクールカウンセラーなどと情報を共有しながら支援に取り組んでいます。

二〇一七年度に公共サービス・ラーニングでカフェ事業に携わった履修生は「助けを求められる力を身に付ける」ためにできる方策を課題にあげ、安心できる確固とした人間関係をつくる機会をもっとつくれればと考えました。二〇一八年度には、プロジェクト・ラーニングとして「本音を語るカフェ」や「地域のしいたけ販売所との交流」などが企画されましたが実現するところまでは行きませんでした。生徒たちと関係を結ぶ十分な時間が確保できなかったともいえます。継続してカフェ事業や、生徒支援にかかわる履修生もできました。

この「となりカフェ」を口火に、大阪府内はもとより、現在、全国の高校で居場所カフェづくりが拡がっています（居場所カフェ立ち上げプロジェクト　二〇一九）。

コミュニティスクールをめざすチーム学校

二〇一五年より西成高校はエンパワメントスクールの一つとなりました。中でも「Re：スタする（Restart/Restudy）」として、小・中学校での授業に馴染めなかった生徒を対象に、特に一年次での国・数・英のモジュール授業が導入され「学び直し」が掲げられています。厳しい家庭環境などを背景にこれまで安定した人間関係を築いてこられなかった生徒が高校生活を通じて人間関係づくりを再構築することが試みられています。「学び直し」とともに、二〇〇六年度より全国に先駆けて、知的障がいのある生徒自立支援コースを設置し、取組みを進めてきました。その「個別の支援」も同じように基底に据えた、生徒の希望と誇りを育むチカラある学校が、西成高校＝エンパワメントスクールなのです。

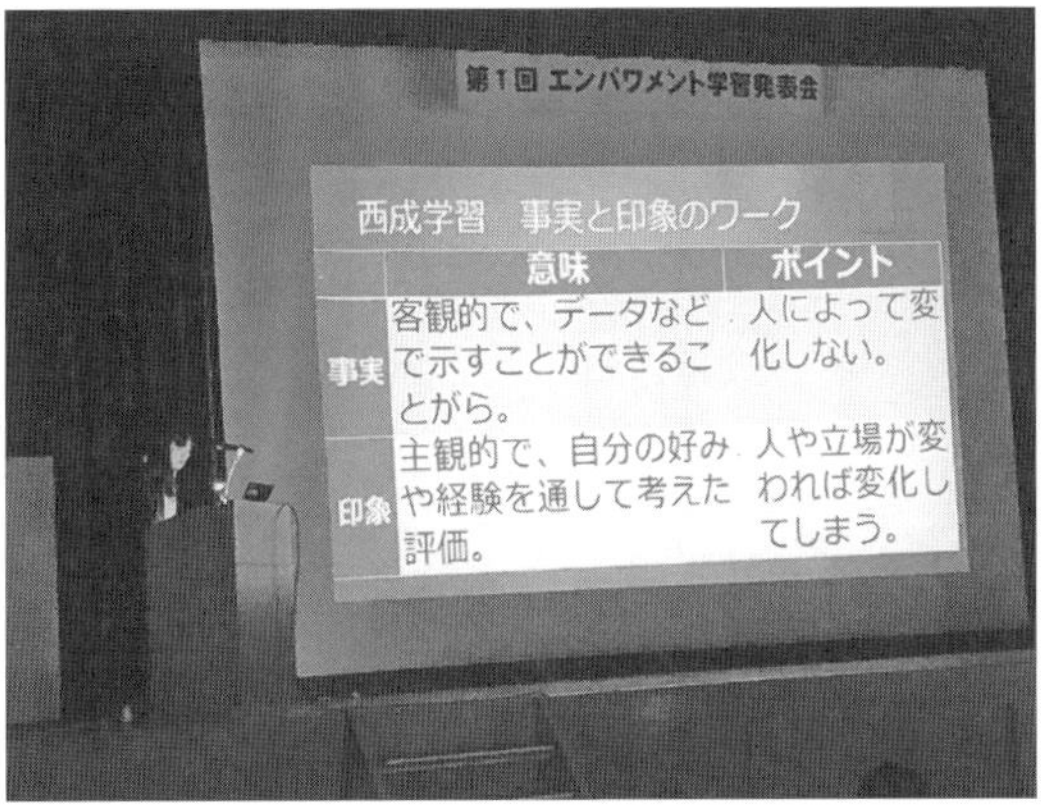

エンパワメント学習発表会 2019

またそのミッションを、三つの自立（①「生活的自立」②「社会的自立」③「職業的自立」）を支援する取り組みにおき、学校におけるすべての教育活動が「三つの自立」のためにどう効くのかを系統立てて計画した「西成高校ロードマップ」が作成されチーム学校としての取組みが推進されはじめています。

その中で学校運営協議会が、大阪大学・大阪府立大学、地元代表としてヒューマンライツ協会や地元中学校、就労支援の連携先の大阪地域職業訓練センターや大阪府中小企業家同友会の代表、校内居場所カフェの運営主体であるofficeドーナツトーク代表によって構成されています。コミュニティスクールとしての運営を内容豊かにすることが、二〇三〇にゴールを迎える社会政策（SDGs）との親和性を高め、セーフティネットとしての力を発揮することが期待されています。

（山田　勝治・榎井　縁）

参考文献

大阪府立西成高等学校（二〇〇九）『反貧困学習　格差の連鎖を断つために』解放出版社
居場所カフェ立ち上げプロジェクト編著（二〇一九）『学校に居場所カフェをつくろう！行きづらさを抱える高校生への寄り添い型支援』明石書店
大阪大学未来戦略機構第五部門（二〇一九）『未来共生セミナー（一七）西成×RESPECT 2018 活動の記録』

子どもたちの「受け入れる力」から学ぶ

――認定特定非営利活動法人こどもの里

「こどもの里」には、二〇一五年、二〇一六年と公共サービス・ラーニングで履修生を受け入れていただきました。大変厳しい状況の子どもたちと向き合う活動であること、それでも子どもたちが年の近いお兄さんお姉さんたちを歓迎してくれる中でのことです。

未来共生プログラム三期生で、二〇一五年に「さと」に入った横木那美さんは、その後もドキュメンタリー映画『さとにきたらええやん』の英字幕版を使って、留学生と共生の課題を議論したり、海外からの視察を案内するなど「さと」に関わり続けました。現在は東京で働いていますが、「さと」のためなら是非とも、と、ここでの活動体験を書いてくれました。

子どもと四〇年以上活動をつづける「さと」

こどもの里は、日雇い労働者のまちとして知られる大阪市西成区、釜ヶ崎にある認定NPO法人です。一九七七年に子どもたちの遊び場を提供するために開始され、四〇年以上の時のなかで徐々に多様化する地域のニーズに応えながら、形を変化させてきました。学童保育、ファミリーホーム、自立援助ホームのほか、緊急一時保護・宿泊の受け入れ、子ども・親のエンパワメント、訪問サポート、居場所づくり、学習支援など様々な活動を行い、「さと」の愛称で親しまれています

さとがNPO法人化したのは二〇一五年で、かなり最近の話です。そのきっかけとなったのは二〇一三年の大阪市政改革による「子どもの家事業」の廃止でした（青砥　二〇一二、田中・西村・松宮　二〇一一など）。

エネルギーをもらう場所

さとに足を運ぶようになったのは、さとがNPO法人化された年の秋でした。それまで大阪には縁もゆかりもなかったので、一抹の不安を抱えていました。この地域の子どもたちが、自分が育ってきた環境とは全く異なる世界にいることが一目で分かったからです。作業着のおっちゃん達、段ボールを巧みに組み立てて野宿する人々、独特の雰囲気の商店街……。「一体、さとの子どもたちはどんな子たちなんだろう?私なんかを受け入れてくれるだろうか?」。そんな思いで公共サービス・ラーニングがスタートしました。

実際に活動が始まると、子どもたちはとても人懐っこく、すぐに仲良くなり、さとに行く度、エネルギーを分けてもらっている気分になりました。また、さとでの時間は新しい発見の連続で、不条理で不公平な社会にもどかしさや憤りを感じたこともありました。さとで過ごした四か月間に感じたことをいくつか紹介します。

プレーパークで遊ぶ子どもたち

小学生キャンプ（淡路島冒険の森にて）

子どもたちの「受け入れる力」

さとの子どもたちは、日本の学校教育では測れない力を持っています。どう表現したらよいのか迷いますが、「受け入れる力」が最もしっくりきます。どんな人でも差別することなく接し、ありのままを受け入れることができるのです。

さとは幅広い年齢層の子どもが利用し、学校段階の異なる子どもが一緒に遊ぶことは珍しくありません。小学生が赤ちゃんをあやす光景も当たり前のように見られます。障がいを持つ子どももいて、聴覚障害を持つ子には、手話や指文字を使って会話します。それは誰かから教えられたものではなく、「なんか勝手に覚えた」という子が何人もいます。その子たちには手話を話せることは特別なことではないのです。どんな子でも受け入れてみんなが一緒に過ごすことができる力、そうできるよう自分たちを適応させていく力が、さとの子どもたちには備わっています。

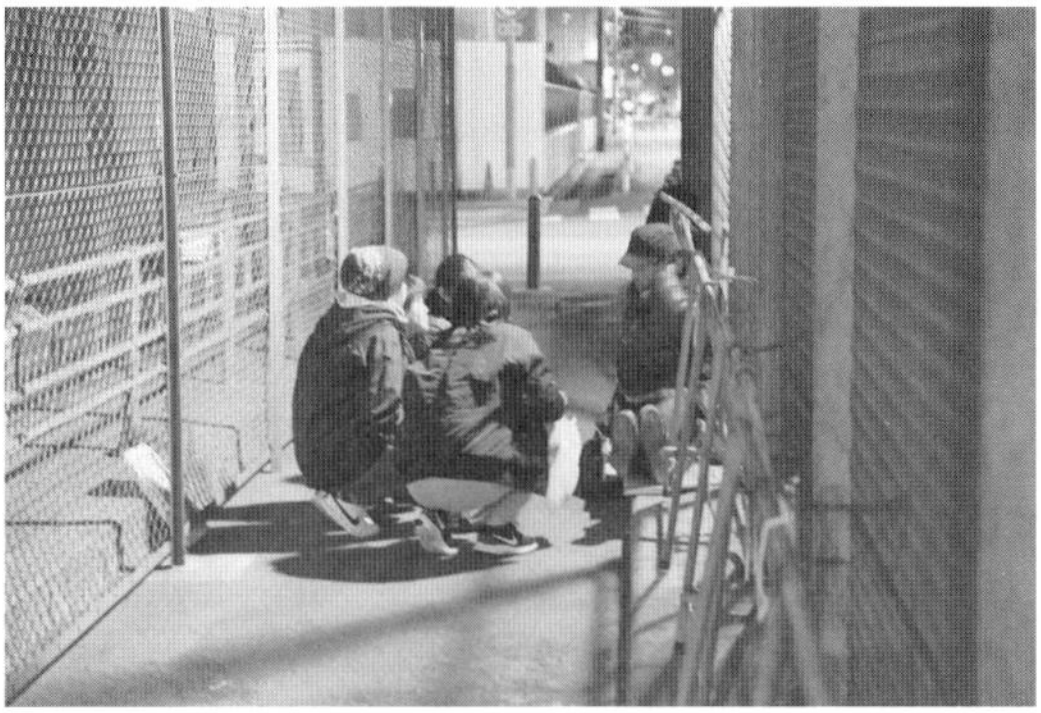

子ども夜回りの様子

「こども夜回り」と野宿者

一月から三月、毎週土曜に行う「こども夜回り」も、子どもたちが人をありのまま受け入れることができる重要なきっかけとなります。一般的な夜回り活動は、野宿者の安否を確認し、路上死を防ぐことを目的としていますが、こども夜回りでは、子どもたちが野宿者についての知識を身につけることにも主眼がおかれています。

子どもたちは夜回りの際、おっちゃんたちにおにぎりと味噌汁を渡し、あわせて、体調や年齢、野宿歴、以前の職業、野宿になった経緯などを尋ねます。すでに顔なじみになっている子も多く、さとで教えられた定型的な質問以外にも、会話がはずむケースが多くあります。野宿者の多くは、一九七〇年の大阪万博の際、釜ヶ崎に来て建設業に従事してきました。その後、バブル崩壊や経済の低迷などで仕事数が減少し、雇用や所得の保障がされないままに野宿に追い込まれていきました。子どもたちは夜回りの活動を通し一人一人の野宿者の話に耳を傾け、野宿を余儀なくされる人々の実状を知っていきます。そして、社会に蔓延る野宿者への軽蔑・侮蔑の意識へ疑問を投げかけます。

「共生」を実践する子ども

こうした活動から、これほどまで自然に「共生」を実践する子どもたちがいることに衝撃を受けました。

そして同時に、「障害者には優しくしましょう」とか「差別をしてはいけません」と、言葉だけで教わって実体験が伴わなかった自身のこれまでを恥ずかしく思いました。障害児の分離教育が行われたり、核家族化し地域コミュニティが弱体化した日本では、さとのような異年齢間・障害児との交流や、地域のつながりの構築は難しくなっています。さとの子どもたちは、日本が近代化するなかで失われてきた大切なものを、今なお保っている貴重な存在だといえます。

しかしこうした力は、測定の難しさゆえに日本の学校教育のなかではなかなか評価されません。さとでは、学校での勉強に困難を抱えている子も少なくありません。学歴社会とされる日本では、学校の成績はその後の進学、そして就職、収入に大きな影響を与えます。子どもたちの力を実感する一方で、知識習得を重視する学校という場が、さとの子どもたちを社会の底辺に追いやっていると憤りを感じることもありました。

学校現場で日々奮闘されている先生方を批判しているのではありません。日本の教育、社会の構造そのものの変革が必要だと考えているのです。格差の拡大、人種差別、それらによる社会の分断が顕著に表れ始めている現代の日本において、本当に重要なのは、さとの子どもたちが持つような「受け入れる」力なのではないでしょうか。子どもの力が、複眼的に評価される学校教育、社会の在り方を模索しなければならないと強く感じています。

こどもの里での食事の様子

ニーズに応えるとは

さとで考えたことの二つ目は、現場や当事者の役に立つにはどうしたらいいのかということです。私は当時大学院一年生で、将来的には、複雑な家庭背景を持つ子どもたちのためになるような研究をしたいと強く思っていました。しかしさとで色々な事情を抱えた子どもたちと出会い、彼・彼女たちのために自分ができることは何なのか、そもそも「子どもたちのため」とは一体どういうことなのか、自問するようになりました。

現場や当事者の役に立つためには、まずその人たちのニーズを理解することが必要です。しかし活動を通して、ニーズの理解が最も難しいプロセスではないかと考えるようになりました。さとの子どもの多くは、複雑な家庭背景を持ち、不安定な生活を余儀なくされています。当然のことながら抱える問題はそれぞれ異なり、年齢とともに変化もしていきます。その複雑さは、たった数か月過ごすだけでは、とても理解しきれませんでした。

さとは、子どもたちのニーズに応えながら活動の形を変えてきたと館長の荘保共子さんは言います。子どもの遊び場から始まり、幅広い活動を行う今のさとに至った経緯について、彼女は以下のように語っています。

私は何もしていません、子どもたちが全部教えてくれました。

（二〇一五．一二．二六ワークキャンプ(1)「分かち合い」にて）

当事者と一緒に「発見」する

「子どもたちが教えてくれた」というのは、子どもたちが「○○してほしい」と直接的に頼んできたのではなく、子どもたちと一緒に過ごし、保護者からの相談を受けるうちに、少しずつ彼・彼女たちが何を必要としているかが見えてきたことを指しています。この言葉を聞いたとき、子どもたちや親御さんの本当のニーズは、一方的に「理解」するものではなく、長期にわたる活動から築いた関係性や信頼によって、当事者と一緒に「発見」するものなのだと感じました。だからこそ、荘保さんは四〇年以上もさとの活動を続け、今なお活動の幅を広げ続けることができるのです。

さとの歩みに鑑みると、人の役に立ちたいというとき、対象となる人々との協働を欠いてはいけないことが分かります。荘保さんのような長期にわたる関係構築なしでは、価値観の押しつけになる可能性も否めません。常に現場や当事者の人々に寄り添い、共に活動、実践していくことが、「役に立つ」第一歩となる——当たり前のことのようにも聞こえますが、このことの大切さを、実感をもって学びました。

「さと」から学ぶこと

釜ヶ崎には、貧困問題をはじめとし、社会におけるさまざまな課題が凝縮しています。しかし同時に、さまざまな社会的弱者を分け隔てなく受け入れている場所でもあります。野宿者、日雇い労働者、貧困家庭、虐待やネグレクトを経験する子ども、子育てに悩み・不安を抱える親——こうした人たちを誰でも受け入れてくれる場所、それが釜ヶ崎です。
そんな地域にあるこどもの里では、四〇年も前から、子どもたちがどんな人でも受け入れる力を養っています。彼らは社会的弱者として支援や援助の対象とされがちですが、実は、共生社会の最先端なのです。そして、さとの長年にわたる取り組みからは、様々な支援活動のあるべき姿を学ぶことができるでしょう。皆さんも是非「さとにきたらええやん」！

（横木　那美）

注
（1）さとが毎年年末に行うイベント。学生や社会人がさとに泊まり込み、ボランティアする。夜には「分かち合い」と呼ばれる勉強会が開催され、さとの歩み、日雇い労働、野宿者襲撃、暴力・ジェンダーについて学び、議論する。

参考文献
青砥恭（二〇一二）「大阪市「子どもの家」廃止―子どもの貧困は家族の貧困」Wedge Infinity（https://wedge.ismedia.jp/articles/-/2014）
田中聡子・西村いづみ・松宮透髙（二〇一二）「断ち切らないで―小さき者を守り抜く『子どもの家』の挑戦」ふくろう出版

さまざまな仕掛けをつくる
――しょうないガダバ

しょうないガダバは地域の居場所づくりに取り組んでいる団体です。居場所づくりは近年注目を集めている活動です。過去、人の居場所は家族や学校、会社などが居場所とみなされてきました。しかし、核家族化。ひとり親家庭。高齢化。地域関係の希薄化。雇用の流動化。公共施設の減少……さまざまな悩みを抱え孤立する人を繋ぎとめる社会の結節点として、居場所づくりはいま社会に求められている取り組みのひとつです。この居場所づくりに、立ち上げ時期から未来共生プログラムは関わってきました。それも、学生が住み込みで地域活動に参加するといったかたちで。

そして、二〇一六年度、二〇一七年度に公共サービス・ラーニングで、二〇一七年度にはプロジェクト・ラーニングで履修生を受け入れていただきました。

豊中市庄内のまちかどから

大阪府豊中市の南部地域に位置する庄内地区。神崎川、天竺川、猪名川に囲まれた旧庄内村は、豊富な水資源を活用した水田が広がっていました。現在その中心には阪急電鉄庄内駅があります。戦後の経済成長期、庄内地域は全国から集まる労働者や職人の集住地となっていきます。高級住宅地として豊中北部が発展していった一方、南部に位置する庄内地域は下町情緒が魅力となっています。

ガダバ学習会

一九九五年の阪神・淡路大震災では、老朽化した家屋や廉価な賃貸住宅を中心に大きな被害が生じ、二〇〇〇年代にはいると地域人口は、急速に減少し、町の活気が失われつつあります。北部の住宅街と比較され、ときに豊中市の南北格差と語られることもあります。

二〇一五年、しょうないガダバ（以下、ガダバ）は庄内幸町の一画で活動を始めました。代表の小池繁子さんはそれまで北部の市民活動に関わってきました。元保育士で海外の滞在経験もあり、幅広い見識と面倒見のよさ、度量の深さが相まって、老若男女問わずボランティアが集まります。未来共生ではこのしょうないガダバの活動に深くかかわっていくことになります。

しょうないガダバと未来共生プログラム

二〇一五年、二期生の中国人履修生が小池さんが活動するカフェ Kitto で公共サービス・ラーニングを行いました。Kitto は豊中中部に位置し、カフェとして営業する傍ら、夜には地域の小中学生向けの学習支援に取り組んでいました。留学生が地域で共生を学ぶことは並大抵のことではありません。日本語の難しさ。日本の文化。履修生の専攻は法学なので接点としては地域行政しかない。小池さんは履修生の希望や興味関心に寄り添い、地域住民に引きあわせていきました。

興味深いのはこの履修生が小池さんの手法を取り込んでいったことです。留学生は公共サービス・ラーニング終了後、「豊中の町づくりを紹介したい」「みなさんにご紹介したい人がいる」といって私や他の履修生を連れ立って地域を案内してくれました。このように、小池さんは人材を巻き込むことが上手いのです。それも戦略的ではなく、「みんなで楽しくやればええねん」というのが小池さんのモットーです。

ある日、小池さんに呼び出された私と数人の履修生は「南部での活動を広げたい。南部には学習支援の団体が少ない。電車に乗って Kitto にくる子どももいる。南部に拠点を開きたい」という話を聞きました。

そこで、国際公共政策を学んでいた履修生とともに庄内を町歩きすることにしました。履修生は「下町ですね。けどすごしやすそうだ」と話していました。このことを小池さんに伝えると、「庄内に手頃な一軒家を借りれることになった。もし良かったら常駐の管理人として住んでもらえないか?」と誘いました。二〇一五年秋口からみなで改装工事を行い一一月にしょうないガダバがオープンしました。初代住み込み管理人はその未来共生プログラムの履修生です。

小池さんは、「誰かに住んでもらうのが一番だと思ってん。住人がいれば誰かがかならずその場にいてくれるから。なにかがあったときに安心やし。折半すれば安くもなるし。ガダバはお小遣いの範囲の活動。誰かを探してたら、ちょうどおもしろそうな学生がいたから」といいます。当の履修生は「家賃が少し安くなりましたが、電気代は高くなりました」と苦笑いしていました。他人事のように記述してきましたが、私も庄内へと転居しました。「みなで楽しいことをする」という小池さんにのせられたからです。

ガダバ学習会

ガダバちいさなお化け屋敷

目的を決めないからこその居場所

しょうないガダバは豊中市南部地域、庄内幸町にある二軒長屋を改装した戸建て。入口のガラス戸を引くと六畳の土間、一階は風呂、トイレ、台所という間取り。傾斜四五度の急な階段をのぼると一〇畳程度のスペース。奥に小さな管理人用の部屋があります。築五〇年。改装はしましたが、きしんだ床でビー玉がコロコロ転がります。どこからともなく現れるネズミが残飯をあさるところも趣があるといえるでしょうか。

建物の家賃・光熱費は、小池と管理人、そしてガダバを拠点に活動するＮＰＯ団体が折半。運営はしょうないガダバ実行委員会が担いますが、定期的な会議はありません。利用者は「ガダバー」と呼ばれるメンバーになりますが登録制度はありません。一応の決まりは「利用者から利用料を徴収する」ですが、こちらも曖昧。明確な規約やルールが存在しないのがガダバの特徴です。

リーフレットには、活動のコンセプトとして、「（1）さまざまな文化や背景をもつ人たちが集う場所。（2）誰もが自分らしくしあわせになるための場所」という記載があります。「おもしろそうだから誰かが集まって。いろんな人に使ってもらえたらいい。交流の場所」と小池さんがいうように、誰もが使いやすく、繋がりを深められる場を目指しています。

定期的な活動として、とよなか国際交流協会と連携し、ひとり親、外国人家庭のこどものための放課後塾が週二回開催されてきました。月末には「ちゃぶだい集会」と称した若者支援の会合。自主企画として、土曜日には地域の子どもたちを対象とした駄菓子屋。また不定期活動として、専門家を招いた「ガダバアカデミー」。海外旅行者が滞在する「カウチサーフィング」。私も「大阪大学×未来共生」という大学院生の発表会や、まちづくりの書籍を読む「まちの読書会」を開催しました。そうした活動も「ないようである、あるようでない」緩やかな場所となっています。

こうしたイベント型の取り組みとは別に「居場所づくり」を活動の柱としているからです。リーフレットにも、「学習支援&居場所つくり」「自分らしく健康で幸せに生きるための知恵と学び、居場所つくりをすすめます」「みんなでつくるみんなの居場所」と記されています。

さまざまな事情から宿泊を希望する若者の受け皿としても利用されます。不登校、精神的な苦しさ、親との軋轢等々、現在の生活の苦しさや辛さを打ち明けられることもあります。交流の場所であるガダバは誰にもひらかれており、心地の良い場所であり、社会において居場所がないと感じられる若者を受け入れようとしています。そのため「目的」はわざとあいまいにされているのです。

カウチサーフィン利用者との交流

ガダバ未来共生履修生の学習会

ガダバ学習会のリーフレット

ガダバアカデミー

町角のしかけ

ガダバでは、近年流行の「ワーキングスペース」のように、誰もが気軽にイベント開催できる「活動の拠点」と、利用者にとって居心地の良い「居場所」の大別すれば二つの活動がおこなわれています。

小池さんが目指すのは「ワーキングスペース」と「居場所」の両立です。近年、地域の居場所活動は各地に作られています。その一方、居場所活動には大きな課題があります。そのひとつが「居場所を作ったとしても、本当に必要な人に届くのか」です。

私たちが行った豊中市の七〇〇人強の児童・生徒を対象にした居場所調査では、九六パーセントの子どもたちは、自身が居場所と感じる場をもっていましたが、四パーセントの子どもは「ホッとできる場所がない」と回答しました。そのわずかな子どもたちには、家庭や学校、地域に居場所がない。またそうした子どもたちは、おそらく居場所のことを知らないのです。

ガダバは「誰もが参加できる」ことを標榜してきました。「多くの人間が出入りすることは重要だが、静かに過ごしたい人は参加しにくくなる。小さな拠点が目指すべきは、小さな声を聞くこと」であると小池さんは語ります。そのうえで、誰もが参加できるイベントを工夫して行います。具体的には、静かに過ごしたい人の声を「静かに聞く」というものです。ガダバの集まりで語るのは、専門家だけではありません。元引きこもり。大学中退。外国人など、普段声を聞くことができない人の声を少人数で共有します。そうすることで、居場所としての機能とワーキングスペースとしての機能を両立させようとしています。

私たち未来共生もこうした小池さんの考え方に「共生とはなにか」を考えさせられました。共生社会を社会全体の大きな出来事として考えるだけでなく、町角で当たり前に存在してきた、顔の見える関係を基盤とする小さな共生、「小さな場」とはなにか、ということです。それは参加者数や費用対効果を度外視した活動であるため、維持が難しいという課題を抱えています。

未来共生プログラムでは、未来の共生社会を実現するためのイノベーターを育てることを目標にしてきました。それはグローバル化という言葉が代表するような、どこか大きな物事を指し示してきたようにも思えます。そのイノベーターは町角の共生に目を向け、参与することができるのか。町角から「共生」を考えることはできないのか。

ガダバとともに歩んできた未来共生プログラムはいまもそうしたことを念頭に活動しています。

（山本　晃輔）

テーマ4

共に生きるってなんだ

未来共生プログラムの目的の一つにグローバルリーダーを育てることがあります。私たちは世界的に活躍する研究者や企業人を紹介するというだけでなく、身近な足元の課題に取り組める人材であると考えました。そしてそうした学びは、日本で生活する外国人との共生を考えることからはじまりました。

多文化共生とよくいわれますが、その共生は、在日コリアンと日本人との前向きな関係を構築するために使用されてきた言葉でした。外国人との共生は新しい課題ではなく、戦後日本が抱えてきた重要な歴史を抱えたものです。北大阪朝鮮初中級学校にはプラクティカルワークで最も履修生が数多くお世話になりました。またそれが契機となり朝鮮学校とコラボレーションした様々な取り組みが未来共生プログラムで行われてきました。

大阪市立南小学校ではフィリピン人母が子どもを殺めてしまう事件を契機に「Minami子ども教室」がつくられました。未来共生プログラムもその当初から実行委員会に参加し、課題に向き合いつづけ、スタッフとして活動する履修生も出てきました。小林碧さんは第一期生で、卒業し就職した後も教室にボランティアとして関わり続けて七年以上になります。「教育や福祉など社会に関わる大人たちこそが子どもから学ぶ場としても大切だ」ということばに重みが感じられます。

枚方市保健センターは、母子保健を初め地域住民への総合的サービスを提供する場で、通常業務が重視されています。そこで一回でも、外国人母子をターゲットとする事業を展開することができたことは大きく、公的な場が「言葉」を理由に萎縮する必要はないことが証明できたといえます。

おおさかこども多文化センターでは、外国につながりをもつ子どもへの学校教育の場での支援について学びました。履修生にとって、支援活動を見聞きしても、どのように実践するのかはわからないことが多く、そうした支援を形作る基礎となる活動についても土台についてもいちから教えていただきました。

在留資格のない子どもの権利守るために国に働きかけるなど「闘う国際交流協会」として知られる、とよなか国際交流協会で活動した履修生はいずれも「居場所」に関する考察を行っています。マジョリティ側が寄って立っている社会的な位置について自覚的であることの必要性が伝えられました。

大学の中心で肉を焼く
——北大阪朝鮮初中級学校

「共生」という言葉は、在日コリアンと日本人との前向きな関係を構築するために使用されてきた言葉でした。現在、外国人生活者の増加を背景とし、多文化共生という言葉は広く使われるようになり、未来共生プログラムでも多文化共生に関わる活動に多く取り組んできました。なかでも重要な課題として、在日コリアンの歴史や生活、そして地域での連帯を位置づけてきました。なぜなら、外国人との共生は「新しい課題」ではなく、戦後日本が抱えてきた重要な「共生の諸課題」だからです。

北大阪朝鮮初中級学校には、二〇一三年度、二〇一六年度、二〇一七年度、二〇一八年度に公共サービス・ラーニングで、二〇一八年度、二〇一九年度にはプロジェクト・ラーニングで履修生を受け入れて頂きました。またこのご縁がきっかけで朝鮮学校とコラボレーションしたさまざまな取り組みが未来共生プログラムで行われてきました。

民族学校と未来共生

朝鮮学校はその名の通り、朝鮮半島に出自を有する人々が建設した民族学校です。第二次世界大戦の前後、さまざまな事情により朝鮮半島から日本へとやってきた人々は、祖国への帰国を願い全国各地に朝鮮学校を設立しました。

北大阪朝鮮初中級学校の地域公開イベントへの参加

北大阪朝鮮初中級学校の児童との交流

日本社会も朝鮮半島との関係をさまざまな形で続けてきた経緯があります。それは、朝鮮学校の各種学校認可や大学受験資格の拡充といった前向きな関係もあれば、朝鮮学校女子生徒の制服切り裂き事件といった根深い差別事件としてもです。

さらに、二〇〇〇年代中頃、日本社会と朝

鮮民主主義人民共和国との関係悪化を背景に、朝鮮学校へのヘイトスピーチや、補助金の中断といった経済制裁が行われています。

二〇一四年一〇月、来共生プログラムに在籍していた院生とともに北大阪朝鮮初中級学校（以下、北大阪朝鮮学校）の運動会に出席しました。学校に近づくと、運動会らしく盛大な応援の声が聞こえます。日本の学校との違いは、朝鮮語による応援の声です。同時に、運動場には手拍子をする高齢者がおられます。当時の校長先生によると、学校に隣接する高齢者施設の方々だといいます。地域の方々も数多く参加しているのです。

「日本の方々にも参加してもらっているんですよ。こうして足を運んでいただいて、見ていただきたいんです」

朝鮮学校は私たちの日常に存在しながら、他方で厳しい差別にも晒されてきました。そこで、未来共生プログラムでは公共サービス・ラーニングに朝鮮学校への参与を組み込みました。以来、そのバトンは毎年のように繋がれていくことになりました。

便所飯の葛藤

思い出深いのは、二〇一三年度、はじめて北大阪朝鮮学校にお世話になった履修生です。彼は工学研究科に在籍する大学院生で橋げたの研究をしていました。その一方で、教育にも関心があり、学校の先生になるのも将来展望のひとつでした。ただし日本の外国人の境遇に関する知識はほとんどなく、「共生」については考えたいが、きっかけをもてないでいました。公共サービス・ラーニングの訪問先を選ぶ際も「教育機関がよい」と希望し、「共生」を学べる場所というので、朝鮮学校を訪問することになりました。

数回の訪問後、朝鮮学校での活動を聞くと暗い顔をしました。その理由は「孤立することはとても辛いんですね」といいます。朝鮮学校では朝鮮語で授業を行います。したがって、朝鮮語ができなければその意味がわかりません。教員・子どもたちは日本生まれで日本語を話せるので、履修生とコミュニケーションするときには日本語で話しかけてくれます。言葉ができなければ公共サービスどころではないので、校長先生と相談し「英語の授業」や「数学の授業」に参加することになっていました。

北大阪朝鮮初中級学校の児童と哲学ワークショップ

「僕に話しかけてくれるときだけ日本語なんです。配慮される。配慮されることが辛いんだとはじめて気が付きました。学校に行くのが辛くてトイレでご飯食べるってありますよね。その気持ちがわかりました……。」

ギブアップするかと思いきや、それでも朝鮮学校に通い続けました。言葉ができなければなにか体を使って手伝えることに取り組み、親しくなった先生や児童・生徒に個別で話を聞くことができるようになりました。ある日、彼は「おかしなことに気が付きました。朝鮮学校はマイノリティの学校だと思っていました。みな僕のような日本人を受け入れようとしてくれる。助けてくれる。けれど、そうした実情を誰も知らないし、知ろうともせずに否定している」といいました。このように、彼の疑問は朝鮮学校に通うことから、朝鮮学校だけでなく「朝鮮学校を排除する日本社会」に目を向けるようになりました。公共サービス・ラーニング終了時の報告書にはこのような文章を寄せています。

「在日コリアン、朝鮮学校が日本社会に歩み寄ろうとしている今、われわれが取るべき態度は一体どのようなものだろうか。根拠のないステレオタイプに踊らされて、在日コリアンを否定し、民族教育を抑圧し排除することだろうか。多文化共生をうたい、その社会の実現を目指すのであれば、最も身近な外国人である在日コリアンと共生を図ることは必要不可欠である。朝鮮学校は在日コリアンのためだけの学校ではない。」

彼は工学研究科の修士課程を卒業後、人間科学研究科の大学院に入学しなおし、現在は教育研究者として働いています。いまでは「便所飯という表現はおかしかった。けれどそのときは自分のことで精いっぱいだった。日本の学校にいるマイノリティの児童・生徒はきっと同じような気持ちでいる」と当時を振り返っています。

ちいさな交流を続ける

北大阪朝鮮学校との交流は、公共サービス・ラーニングの繋がりだけではありません。ほぼ毎年一人の学生が半年間お世話になると同時に、学生のなかから「お世話になるだけでよいのか?」という疑問が生まれてきました。

そこで未来共生プログラムで、年に一回、在日コリアンをテーマにしたセミナーや映画の上映会を行いました。朝鮮学校を題材にした映画の上映会では、地域の在日コリアンの方々も参加してくれました。

また、朝鮮学校は年に数回、地域住民を交えたフェスタを行っています。児童・生徒の芸術発表が行われ、出店も並びます。私たちはそうしたフェスタの客として参加してきましたが、「フェスタの売り上げが、学校の運営費になる」と知ってから、出店側にまわるようになりました。

　このような活動を続けていると徐々に顔見知りが増えていきます。フェスタ最大の目玉は、校庭に七輪を並べての焼肉です。参加し始めたころは輪の中に入っていけなかった履修生たちが、徐々にその輪の中で肉を焼くようになりました。

　大阪大学豊中キャンパスから徒歩五分の距離に豊能朝鮮会館があることもイベントを通じてはじめて知りました。そして会館に通いはじめ、地域の在日コリアンの歴史や状況を学ぶようになりました。

「大阪大学には在日コ

北大阪朝鮮初中級学校の地域公開イベントの名物は校庭での焼肉

大阪大学の近隣で生活される在日コリアンの方々をお招きして大学で焼肉をする

リアンの学生も通ってますが、在日コリアンを話題にするセミナーや映画会などの取り組みはなかった。彼らは孤独を感じていたと思います。こうして、ちいさな交流ができてよかった。地域住民にとって阪大に行くのはすこし怖いんです。私たちを知っているのか。理解されるのか。それに、賢そうですから。」

このように言葉をかけてもらえるほど交流が深まり、学内で在日コリアンを中心とするサークルが立ち上がりました。

大学でも焼こう

朝鮮学校との交流を深めていく一方、私たちがイベントに参加するばかりでよいのか、ということも考えるようになりました。朝鮮学校の方々はいつでも学校に来てくださいとお誘いしてくれるが、参加するだけです。そこで私たちは、二〇一八年九月、大学に北大阪朝鮮学校の児童・生徒や保護者を招くという取り組みも行いました。豊中キャンパスを見学し、キャンパスの中心に七輪を並べ焼肉を焼く。

「ここで焼肉したら頭良くなるかな」

と子どもたちが笑います。炎天下のなか私たちは大学と地域を繋ぐ活動を始めました。

朝鮮学校と大阪大学の交流は現在もなお点と点の関係です。履修生が語るように、在日コリアンとの共生を考えるうえで課題視すべきは、日本社会そのものです。外国人との共生を考えるさい、しばしば語られるのは3F（Food, Festival, Fashion）の活動の功罪です。これらはとっつきやすく交流が深まる利点がある一方で、楽しめることだけ楽しみ、外国人の社会的処遇については考慮しない。共生を語りながらも、在日コリアンの文化を一方的に楽しみ、朝鮮学校の処遇について取り組まないというのは批判されるべきでしょう。

私たちはそうした批判を甘受しつつ、朝鮮学校の問題をプログラムの中心に据えてきました。教育プログラムの限界があるにしても、ここで育った学生らが日本社会を批判的に変えていってくれると信じているからです。

(山本　晃輔)

外国ルーツの子どもたちの居場所としての学習教室――Minamiこども教室

大阪ミナミで起こった事件を契機に「Minamiこども教室」がつくられました。未来共生プログラムも創設期より実行委員会に参加し、課題に向き合いつづけてきました。二〇一三年度、二〇一四年度には公共サービス・ラーニングで受け入れていただき、二〇一七年からはスタッフとして活動する履修生も出てきました。

小林碧さんは未来共生プログラムの第一期生で、卒業し就職した後もボランティアとして関わり続けて七年以上になります。「教育や福祉など社会に関わる大人たちこそが子どもから学ぶ場としても大切だ」という実感は、一方向的支援を越えたものがその場に生み出されているからこそのものでしょう。

悲しい事件をのりこえるために

Minami こども教室は、大阪市中央区、ミナミと呼ばれる地域にある、外国にルーツのあるの子どもたちのための夜間学習教室です。

教室発足のきっかけとなったのは、二〇一二年の四月に起こったある悲しい事件でした。フィリピンルーツの小学校一年生児童が入学式から一週間後に命を落としたのです。慣れない地での子育て、母子家庭、貧困というさまざまな要因によって母親が追い詰められてしまったことが原因でした。

学校が、地域が、このような家庭にもっと支援ができたのではないか。当時の小学校校長の働きかけにより、外国人支援団体の代表、元教員らが集まり議論が交わされ、学校との連携の中でまずは子どもの学習支援を通じた家庭への支援を行っていこうという方針が固まりました。二〇一三年九月、大阪に拠点のある六つの外国人支援団体と大阪市立南小学校が協力し、Minami こども教室がスタートしたのです。

教室風景（©玉置太郎）

同年スタートした大阪大学未来共生プログラムに属していたわたしは、公共サービス・ラーニングで南小学校に入ることになり、当時の山﨑一人校長のすすめもあり、初期の段階から Minami こども教室に足を運ぶことになったのです。その後、社会人になってからも中断をはさみながらも関わりを続けてきました。

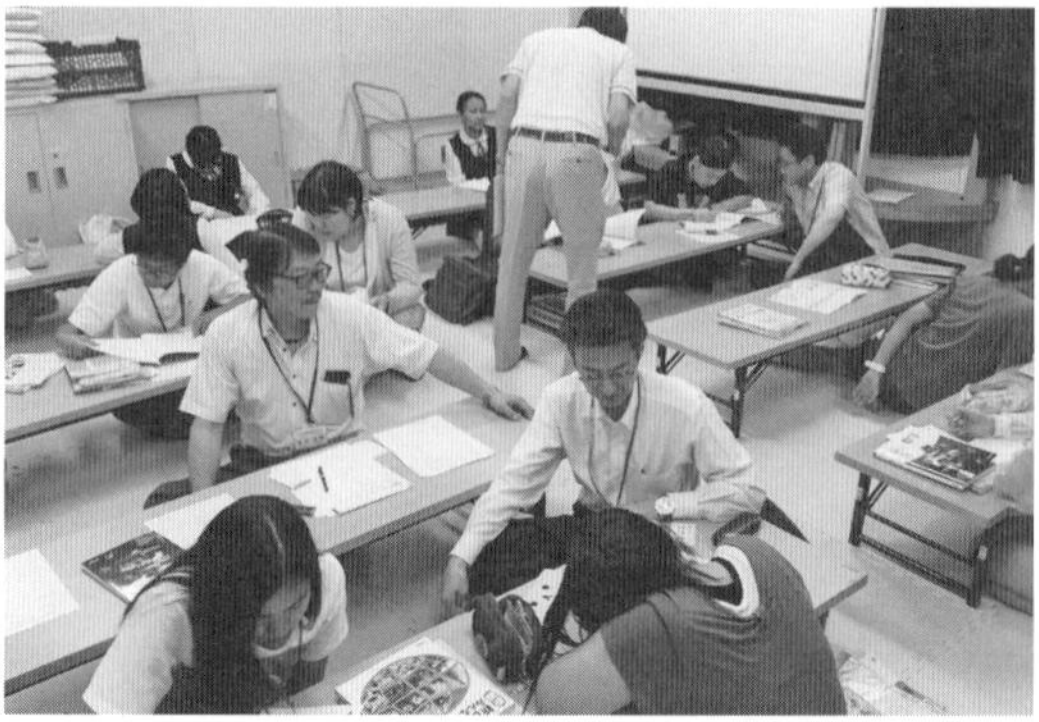

中高生の勉強風景（©玉置太郎）

一対一で子どもに向き合う

大阪市立南小学校の児童のうち外国にルーツのある子どもは約五割を占めますが、少なくない外国人家庭がひとり親で、長時間のホテル清掃や歓楽街での接客業など夜の仕事をしている場合が多く、子どもたちは夜間に一人、または兄弟姉妹だけで過ごす現実があります。

Minamiこども教室の活動は、毎週火曜日夕方から地域の会館で実施しています。発足当初は対象を夜間に子どもだけで過ごす小学生に限定していましたが、子どもたちが中学校、高校へと進学するにつれて幅も広がり、現在は小学生から高校生までが参加しています。

学習は基本的に一対一の個別指導。学校の宿題や日本語学習のプリントを共に取り組みます。子どもたちの家庭では、学校の宿題を家に持ち帰っても、それを見てくれる人がいない場合が多くあります。躓いている部分を一緒に考えたり、音読を聞いてもらったり。疑問点をすぐ確認することができるのもMinamiこども教室の魅力です。中学生、高校生は基本的に自習を行います。試験や入試前には別日に学習会を行うこともあります。

学習支援と居場所づくり

活動の運営を担うのは実行委員でもあるコーディネーターです。日常活動において子どもとボランティアの間に入り、調整を行う役割を果たしています。

教室が終わると二〇時、帰宅の際もボランティアが付き添い、家まで送り届けます。その際に家庭の様子が垣間見えたり、保護者の方と話ができたりすることもあり、生活支援へとつながる場合もあります。子どもたちを家まで送り届けるのも大切な活動の一部です。

週一回の活動でも、限られた時間の中で子どもたちに少しでも安心して夜の時間を過ごしてほしい、「勉強がわかった！」「宿題を終わらせることできて嬉しい」という勉強をする楽しさを感じてほしいので、基礎的な事項の復習を中心とした学習支援＋居場所づくりを方針に活動しています。

学校・地域とつながる

教室は南小学校、南中学校との連携を大切にし、さまざまな関わりを持っています。実行委員を中心に、学校の先生方との意見交換の機会を設けて、学校での個々の様子や、支援が必要だけれどMinamiこども教室に参加できていない児童の情報共有などが活発に行われています。その他、南小学校で行われる保護者との個人面談の後に時間をもらい、Minamiこども教室と保護者との面談も実施しています。

料理教室（©玉置太郎）

遠足（©玉置太郎）

地域、学校との連携は、活動の核となるものです。学校の先生の声や地域の人たちの声を直接聞けること、また報道等で活動が紹介されることは、関わる大人たちの継続へのモチベーションにもつながっていると思います。

みんなで食べる、みんなで出かける

毎週の学習活動以外にもさまざまな課外活動を行っています。料理教室や年1回の遠足、地域の祭りや餅つきにも参加します。料理教室は、家庭で一人や兄弟姉妹だけで食事をする子、またコンビニやスーパーの弁当だけで過ごす子も多い中で、身近な食材と電子レンジなどの簡単な器具でできる料理を作り、少しでも栄養のあるものを食べてほしいという思いから始まりました。保護者にフィリピンやインドの家庭料理を教えてもらう経験もしました。クリスマス時期に行う料理教室は歌や楽器が得意な子たちの発表の場にもなります。

活動も八年目をむかえ、高校や専門学校に通う出身者も出てきました。「同じような背景を持つお兄さん、お姉さんはどんな夢を持ち、どういう進路に進むのだろう。どんな仕事をしている大人たちがいるのだろう」と子どもが他年代の人たち、ロールモデルに出会うことのできる貴重な場ともなっています。高校生になった子どもが、小学生の送りボランティアを手伝ったり、イベントでみんなをまとめたりする姿も見られます。

外に向かって発信する

Minamiこども教室が発足して今年で八年目となります。これからの課題のひとつとして、どのように活動を継続していくかを考えなければなりません。教室を必要とする子どもたちと一人でも多くつながると同時に、継続的に関われるスタッフやボランティアの方とどのように出会っていくかは課題です。現在は同地域に居住するボランティアも少しずつ増えてきており、教室だけでなく、家の近くで見かけたら声をかけあえるようなつながりもできつつあります。

大学生の間ボランティアに来ていた人が、大阪市の小学校教員になった例、取材がきっかけで長期ボランティアとして関わり続けている人、福祉職の人などもいます。社会の中のそれぞれのフィールドで働く際に、日本には、このような背景の子どもたちがいて、どんなニーズがあるのかということを知っているのは非常に大切です。これからは教員養成や社会福祉等の教育においても、そしてそれを報道する立場にとっても、このような現場を知ることがますます必要になってくると思います。そのような学びを生む場所としても、Minamiこども教室がもっと機能していけばよいと思います。さらにはこのような場所が日本の中でもっと必要であるという声、行政からの支援を求める声も上げ続けていかなければなりません。

Minamiこども教室に関わった、関わっている、そしてこれから関わるすべての子どもたち、そして大人たちにとっての居場所となれる教室を目指して、これからも活動を続けていきたいと考えています。

興味を持ってくださった方は、毎月見学会をしていますので是非一度見に来てください！

（小林　碧）

参考文献

金光敏（二〇一九）『大阪ミナミの子どもたち　歓楽街で暮らす親と子を支える夜間教室の日々』彩流社

文部科学省報道発表（二〇一九）『日本語指導が必要な児童生徒の受け入れ状況等に関する調査（平成30年度）の結果について』https://www.mext.go.jp/content/1421569_001.pdf

総務省（二〇一九）『住民基本台帳に基づく人口、人口動態及び世帯数（平成三一年一月一日現在）』https://www.soumu.go.jp/main_content/000633278.pdf

多文化な「リニユウショク」の試み
——枚方市保健センター

枚方市保健センターには、二〇一四年度、公共サービス・ラーニングで履修生を受け入れていただき、翌年表題のプロジェクト・ラーニングを行いました。保健センターは母子保健を初め地域住民への総合的サービスを提供する場で、通常業務が重視されています。その中で外国人母子をターゲットとする事業を展開することの大変さが実感されました。残念ながら、当時学生たちが作成したリユースできる多言語の資料は現在まで使用されていません。

プロジェクトは、システムを変えていくことへのハードルの高さを知る反面、現場の保健師や栄養士など関係者による「自らのリプロダクティブヘルスに関する悩みや不安は日本人、外国人を問わない」ことへの気づき共有されました。公的な場の側が「言葉」を理由に萎縮する必要はないという試みができたのではないでしょうか。

母子保健や外国人住民のサポートへの政策

大阪の北東部に位置する枚方市は、二〇一四年に中核市となり、保健所の権限は大阪府から枚方市に移りました。枚方市では独自に外国人住民のサポートと医療の安全を目的とする医療通訳登録派遣事業などが整えられてきました。

枚方市保健センターでは、外国人住民への切れ目のない支援を目指して、地域担当保健師によるマンツーマンのサポートや乳幼児健康診査後のフォローなどが行われてきました。一方で、集団健診や離乳食講座などに外国人住民が参加した場合、その場で何とか工夫するため対応者の経験の有無によりケアに差が出るという可能性が残されていました。

未来共生プログラムの履修生は二〇一四年度、同保健センターで公共サービス・ラーニングに従事しました。学生は医学部保健学科に所属し、助産師としての経験を持っていました。保健センターの業務に従事する中で、保健センターを利用する外国人は、日本語で話せる人か、通訳できる友だちと一緒に利用することに気づき、保健センターで行う離乳食講座や子育て教室支援などのサービスを受けづらい状況にある外国人もいるのではないかと考え、翌年のプロジェクト・ラーニングで「外国人住民（乳児を抱える外国人女性）向けの離乳食講座を設ける」企画しました。

外国人住民へのアプローチと教育委員会の協力

プロジェクト・ラーニングのメンバーの履修生たちは、まず、既存の離乳食講座に参加したり、他市の外国人女性たちへの聞き取りを行いました。その結果、言語の問題を抱えていることはわかっても、母子保健制度の利用状況までは知ることができませんでした。

枚方の地域に暮らす外国人住民の実態に触れない限り、誰が保健センターを利用できないのかわからないと考え、たどり着いたのは、市内六カ所の生涯学習市民センターで開催している日本語・多文化教室「よみかき」でした。主催者の枚方市教育委員会にプロジェクトの説明をすると、外国人住民のインタビュー・アンケート調査に協力してもらえることになりました。履修生たちは「よみかき」教室を訪問、日本人の支援者と外国人にインタビューすることができました。

情報弱者としての外国人女性たち

インタビューからわかったことは、保健センターの存在を知らない人が多いことでした。市からの住民向けのサービスの情報が入ってこない、何か送られて来てもほとんど読まないのです。生活の中では、日本語に関して夫に頼りっきりの人も多く、病院に行くのを我慢する、病院での説明が難しいので自国のネットなどを自力で検索している、子どもの病気や予防接種がわからない、役所への電話ができず粗大ゴミが出せない、といったことも語られました。

コミュニティや相談相手に関する質問に対しては、ほとんどの人は相談できる相手がいないことがわかりました。自分の家族、夫の家族などもすぐ会える距離にいないという場合も多く、自分で判断するしかないと答える人もいました。一方、日本語読み書き教室の先生やクラスメートなど、日本人や地域の住民と関わることに肯定的なこともわかりました。

公的サービスへの距離

プロジェクトは、インタビュー結果を参考にアンケートを五言語で作成し、保健センターと教育委員会のルートで配布回収しました。「枚方市に住んで困った経験」「健康面で困ったときの相談相手」「保健センターの利用経験」「保健センターにおける通訳の必要性」「市が発行している広報（広報ひらかた）の認知」について尋ねました。

回答者は三〇代の女性で、日本人もしくは日本で暮らすパートナーと同居するため来日した背景を持つ人が多く、子育て世代が半数以上で、就労している人がほとんどでした。家で一人過ごす時間が一〇時間以上という回答もみられました。生活上感じた困難は、役所や学校への申請、母国の食べ物や日用品が手に入らない、働く場所がない、が上位を占め、日本語を勉強する機会がない人はいませんでした。健康面で困った時の相談相手は、パートナー、日本人以外の友人、実家やインターネット、日本語教室が多く、保健師や電話サービス、園や学校の先生はあまりいませんでした。

子どもを持った人はほとんど保健センターを利用しており、積極的にサービスを受けたいという姿勢も示されました。一方利用していない人はその内容をほとんど知らず、それ以前に言葉が通じない不安をもっていることがわかりました。通訳ニーズについては、言語能力に関係せずに必要でないと感じる人が多く、専門用語の難しさがあげられていました。最後に広報については、知っているが読まない・読めないということでした。

これらを総合して、言語通訳や翻訳というテクニカルなことが問題であるより、外国人住民の生活自体が、公的サービスから遠いこと、そうした環境をつくる要因が外的・内的に蓄積されてきたことがわかりました。

外国人が参加できる離乳食講座の企画

保健センターでは、栄養士を主体とした月三回二種類の離乳食講座が行われていました。一つは離乳食を初めて導入する内容、二つめは離乳の完了を目指した食事内容を指導するというものです。一講座は二時間程度で、離乳食の基礎知識を学ぶほか、親同士の交流や、日頃の子育ての息抜きを目的に参加者が集まります。

プロジェクトメンバーは講座に参加し内容や方法を学んだあと、外国人住民が参加できる離乳食講習会の企画をはじめました。現行の離乳食講習会が対象とする四ヶ月から一歳半の子どもを持つ外国人は少なく、これから子どもを持つ妊婦から希望があったこと、ターゲットとなる外国人住民の国籍は中国、タイ、ベトナムなどが多いこと、日本人の友だちが欲しいという意見が考慮されました。

コストの面も考慮し、使用言語はできるだけ日本語にし、参加者の半数を日本人としてその方々に協力と理解を求める形としました。外国人がなじみやすい離乳食を提供するため栄養士と相談して、通常は作っていないメニューもいれることになりました。

そもそも離乳食講習会のニーズが外国人にあるかといえば、実はそれぞれがインターネットや本を参考に離乳食をつくり、困ったことがあれば独自の方法で解決していることがわかっていました。そこで、お母さん同士が協力して調理したり試食する時間を多くして、参加者が交流することを重視しました。「離乳食がメインでないのに離乳食講習会にする必要があるのか」との意見もありましたが、保健センターで実施される中に位置づけることで、継続の可能性もあるのではという結論にいたりました。

栄養士による説明

離乳食を作り、全員でいただく

わくわく多文化交流離乳食講座の意義

二〇一五年七月の「わくわく多文化交流離乳食講座」は、外国人向けと日本人向けに広報されました。外国人向けにはやさしい日本語とルビの他、六言語に翻訳、地域振興課でチラシの設置、保健センターの電話訪問や家庭訪問で、四か月児乳幼児健診と離乳食講座講習会講座では日本人向けのチラシを配布しました。地域自治会も全世帯に回覧版で「外国人住民の方と一緒に楽しむ離乳食づくりのお知らせ」を周知しました。当日はバングラデシュ、ベトナム、韓国、中国と日本人の合計二〇名が参加し、一時間ほどの調理の後、試食を兼ねた交流タイムが設けられました。

講座を実施中のプログラム履修生

このプロジェクトでは四つの意義が見いだされました。一つは、保健センターでの実施。定期的に開催していた保健センターの講座のノウハウを利用し、栄養士と履修生が協力し開催できたこと。二つめに、外国人住民には距離感のあった市の公的機関で、協働作業に参加することができ、「またきたい」という声がきかれたこと。三つめに、サポーターとして日本人への講座の参加を働きかけ、外国人から離乳食のことだけでなく文化や母国について聞く姿が見られ、交流を希望する人がいたこと。最後に枚方市の保健センターと教育委員会、未来共生プログラムの連携・協力により実施が可能になったことです。

保健センターという〝場〟と多文化共生の可能性

保健センターという場での試みが示した最大の示唆は、出産や子育てといった自らのリプロダクティブ・ヘルスに関わることに集う人は、日本人、外国人を問わず、同じ悩みや不安を抱えており、言語の違いがあったとしても、経験を共有しやすく、互いに想像力を馳せることができることです。

今後日本の中で妊娠・出産・育児していく外国人はますます増えると思いますが、公的な場所ではどうしても「言葉」のバリアーを先に考えてしまう傾向があるように思えます。枚方での小さな取り組みは、保健センターの〝場〟が、言葉を越えて人を結びつけ、安心・安全の地域づくりの可能性を持っていることを示したのではないでしょうか。

（榎井　縁）

外国人生徒の就労を考える

――特定非営利活動法人おおさかこども多文化センター

おおさかこども多文化センター（通称：オコタック）には、二〇一六年度、二〇一八年度に公共サービス・ラーニングで、二〇一七年度プロジェクト・ラーニングで履修生を受け入れていただきました。履修生は、外国につながりをもつ子どもへの支援について学びます。とはいえ、その学びは多様で、日々の電話対応、ニュースレターの折り込み、封筒へのラベル張りといった、日常的な事業運営についても学ばせてもらってきました。社会人の基本ではないか、と思われるかもしれません。しかし、大学院で学ぶ学生にとって、「支援活動」を見聞きすることはあっても、それをどのように実践するのかについてはわからないことでいっぱいです。オコタックでは、そうした支援を形作る土台について、手取り足取り、一から学んできました。

外国人生徒を支える活動

大阪のビジネス街の中心地本町に、おおさかこども多文化センターはあります。オフィスにはさまざまな相談の電話がかかってきます。その多くが、大阪府内の学校やボランティア組織からで、「今度新しく外国人生徒が入学してくる。通訳を呼びたいが誰かいい人を紹介してくれないか」というものです。その場に居合わせると、「誰かいませんか？」と聞かれることもあります。対応にあたる副理事長の村上自子さんは、わたしの顔に「知りません」という表情を読み取ると、うーんと悩み「それなら、あの人に聞けばいい」「それなら、この方を紹介します」と返答していきます。そんな村上さんのことを、わたしは歩くＳＮＳと陰で呼んでいます。

母語話者の高校生による外国語絵本の読み聞かせ

おおさかこども多文化センターの理念は「異なる言語や文化を持つ人々が、生き生きと暮らしてゆける社会をつくること」です。その理念を叶えるための活動は筋金入りです。

ある日、村上さんから「スペイン語を話せる方はおられませんか？」と問い合わせを受けました。幸いスペイン語を話せる学生は多いので紹介しようとすると「違うんです……スペイン生まれの高校生なので、スペイン出身の留学生やスペインでの生活経験

母語話者の高校生による生徒の母語を使った名刺を作る活動

がある学生さんを紹介してほしいんです」と返答されました。スペイン出身の生徒にとって、自身のモデルになる存在は「スペイン語を話せる」というだけでなく、母国のことを知っていること。突然日本にやってくることになり、心細さを感じている子にとって、同じバックグラウンドを有する「先輩」と週に一回でも交流できれば、日本での生活の苦労は多少まぎれるかもしれない。こういった取り次ぎは当たり前のことかもしれませんが、サポートする側にとっては骨の折れる作業です。

「多文化にふれる　えほんのひろば」という活動では、大阪府内の外国人生徒が活躍しています。生徒は母語で参加者に絵本を読み、母国の文化・習慣について語ります。生徒が自然な雰囲気で多文化交流ができること、自身のルーツを大切にできる場を大切にしています。

このように、おおさかこども多文化センターは愚直に外国につながる児童・生徒への支援を模索しています。ただし、オフィスの広さは四畳ほど。小さなオフィスから、大阪府をまたにかけた支援活動が行えるのは、事務スタッフの多くが学校現場で教員やサポーターとして、長年取り組んできた経験があるからです。未来共生プログラムでは過去数回にわたって公共サービス・ラーニング、プロジェクト・ラーニングを通じて、おおさかこども多文化センターと協働してきました。

外国人生徒の就労を考える

おおさかこども多文化センターと未来共生プログラムの有志で、長年研究を続けているテーマが、外国人生徒の就労問題です。

日本には、多くの外国人が生活しています。なかには、日本の学校に通う外国人生徒もいます。これまで、外国人生徒に対しては「日本語」や学習のサポートが行われていました。他方で、多くの生徒らは卒業後、自分が母国や家庭で身に着けた言語力がどのように活用できるのかわからない場合が少なくありません。母語を使う場面も少なく「日本語」を学ぶことだけが大事であると考えてしまうこともあります。

就労の現場においては、「外国人生徒の存在」が知られていません。一般的に外国から来た学生と言えば「留学生」であると認識されています。「留学生向け企業説明会」などはありますが「日本で学んだ外国人生徒」を対象とするようなものはありませんし、企業の採用担当者やハローワークなど行政の関係者の間でも知られていないというのが現状でしょう。

外国人生徒向けにエントリーシートの書き方や、面接での受け答えを教えることもあります。それはいずれも、日本社会にどのように参入するかについて力点がおかれ、彼らの母語力などは重視されません。外国人生徒の多くは、日本社会に定着しており、日本の習慣・文化などに理解があります。また、母語と日本語の両方を使いこなせる生徒も多い。なんとか「外国人生徒」の存在に気づいてもらえないかと考えていたとき、活動の中心になっていたのが地下鉄ボランティアです。

地下鉄ボランティア

大阪府にはいくつかの地下鉄があります。その大動脈ともいえるのが御堂筋線で、梅田や難波といった主要な市街地を結んでいます。特に難波は、関西国際空港とのアクセスが改善されたことや、関西圏の都市へのアクセスが良いことから、外国人観光客が数多く集まっていました。ところが、二〇一五年ごろの難波駅では、急増する訪日観光客に対して駅スタッフだけでは十分対応できず、困惑する観光客が散見されました。

そこで、おおさかこども多文化センターが音頭を取ってはじめたのが「地下鉄通訳ボランティア」です。大阪府内で学ぶ外国人高校生が夏休みや冬休みを利用し、難波駅などで通訳を行うというものです。生徒らは学校それぞれの制服の上に、サポーターのビブスを着て観光客に話しかけます。「それは南海に乗ってください」「梅田から乗り換えて新大阪駅に行って新幹線です」など、英語、中国語、韓国語など、母語あるいは得意な言語で観光客に対応します。

そうした外国人生徒を地下鉄職員がサポートします。生徒らはキビキビと「乗換の案内をしたいのですが、このルートで良いですか?」と日本語で地下鉄職員に話しかけ、すぐさま言語を切り替えて観光客に通訳する。

そうした様子を見て「すごいですね」と、おおさかこども多文化センターの橋本義範事務局長に声をかけると、「かれらにとっては、別に当たり前のことをしているだけなんですよ」と苦笑いされました。

「学校では自分自身の言葉を使う機会が少ないですよね。日本語を勉強しなければならない彼らにとっては、学校での生活は辛いことの連続。彼らが社会でできること、日本社会において活躍できる機会が少ないんですね」

外国人生徒は、日本の学校において文化適応や語学上の困難を抱えています。しかし、ボランティアの現場では、日本社会からサポートされるのではなく、外国人生徒が社会を支える主役となります。こうした活動の後、まもなく多くの訪日観光客が利用する主要駅には通訳スタッフが常駐するようになりました。

地下鉄ボランティア

地下鉄ボランティア

支援もするし、支援もされる

私たちの願いのひとつは、ここまで強調してきた「外国人生徒の外国語能力」だけでなく、グローバル社会を生きるために、彼らが身につけてきた基本的な感性もまた、日本社会に貢献できるのではないかというものです。すなわち、多様な文化的・言語的状況を前向きに生きることを通じて、多様化する社会を支える人材になってくれるのではないかと考えています。こうした学びは日本生まれ、日本育ちの子どもたちには経験できないことばかりだからです。

大阪の教育業界には「ちがいをちからに」というスローガンがあります。今日の社会において、「ちがい」はネガティブなものではなく、閉塞した状況を打開する武器になりえます。

まずもって、外国人生徒は日本で生活するうえでの困難を抱え、日本語や母語などの支援を必要としています。しかし、それがそこで留まるのではなく、彼らが活躍していくこと、そうした「場」を私たちが見出していくことを通じて、彼らはグローバル化する日本社会を支える人材となっていくはずです。

（山本　晃輔）

多文化共生の人づくり・場づくり

――公益財団法人とよなか国際交流協会

在留資格のない子どもの権利守るために国に働きかけるなど「闘う国際交流協会」として知られる、とよなか国際交流協会には、二〇一五年度、二〇一七年度、二〇二〇年度、公共サービス・ラーニングとして履修生を受け入れていただきました。かれらは共通して「居場所」に関する考察を行っています。生き辛さや居苦しさを感じてきた人が、居ていいんだと思われるメッセージが、事業のつくりかた、そこに関わるボランティアやスタッフの姿勢、ことばのスピードなどあらゆる日常の中から生み出されているというのです。当事者を大切にする組織であるゆえ、ここに関わった人びとには、自分自身が寄って立っている社会的な位置について自覚的であってほしいという願いがあるようです。

安心・安全な外国人の居場所

金曜日の午前。阪急豊中駅ビル六階にあるとよなか国際交流センターは日本語の勉強にくる人、生活相談にくる人、友だちと会って話す人たちでごった返します。中国語、韓国語、フィリピノ語、タイ語、スペイン語、ベトナム語、インドネシア語、ネパール語などの多言語スタッフは同じ出身国の人を見つけて声をかけます。「元気?」「子どもはどう?」「仕事は順調?」。歓声をあげて久しぶりの再会にハグしあう人、大人たちを気にせずにそこらじゅうを駆け回る子どもたち、一見カオスのようですが、安心で安全な空間がそこにはあります。

みんなで七夕飾りを作って飾りました♪

二〇一五年度ここで活動した履修生は、「乳幼児」を例にとりあげて、扉をくぐりやすくする工夫が、保育の充実やエスカレーター前の安全対策だけでなく、「空気感として子ども連れでも大歓迎です!」という雰囲気がすでに存在していて、小さい子ども連れではまだまだ行動に制限がある日本社会において稀だと思ったといいます。

そのセンターは豊中市の公的施設で、とよなか国際交流協会が指定管理者として運営しています。約三〇ある事業のうちでも、要となっているのが多言語相談サービスです。「子どもが学校で

外国語体験活動

いじめられ、日本語ができないから手をだした。家では親の言うことは聞かない。夫も職場で大変で夫婦げんかも絶えない、どうしたらいいですか。」「本当につらいですね。まず、どうしたいですか」専門職員は本人と課題を整理しながら次に進むために必要なことを考えます。学校や役所、弁護士など社会のリソースと連携しながら解決の糸口を探っていきます。二〇一七年の履修生はそのことを、「外国人を消費しない」活動といいました。国際交流にありがちな食や衣装や祭りといったイベントで持て囃すのではなく、かれらをとりまく問題や悩みを想像し「何の目的がなくても居ていいのだ」という公的な場所がつくられてきたのです。

日本語にとどまらない交流活動

一九九三年に設立された協会では、当初から外国人を対象とする日本語教室が開かれ、教科書で教える講師がおり受講料も安く、アンケートをとっても参加者の満足度は高いものでした。しかし「習った日本語をどこで一番使いますか」の質問に関してはほぼ全員「ここです」の回答から外国人が日本語を習っても使う相手がいない、地域で日本人に出会えないという根本的な課題を知り、たくさんの日本人とたくさんの外国人が参加できる、日本語交流活動という新たな枠組みがつくられました。

この活動の一つに参加した履修生は、ボランティアのミーティングで「困ったボランティアの事例」としてボディタッチはセクハラと感じるかもしれない、特にイスラム圏の人は、といったことが挙げられたことに対し、人間同士の関係性で○○の人はというのはおかしい、と炎上した様子をレポートし、多様な考え方があることを実感しました。また別の活動で「教えるのではなく聴いてください」の意味の深さを考えさせられたといいます。ベテランのボランティアからは実践を「人間としての訓練だ」といわれました。だれとどう出会いつながるか、現場には培われてきたエートスがあるようです。

第三の居場所——子どもと伴走する

外国ルーツの子どもたちの居場所「サンプレイス」は、毎週日曜日の午後に行われています。子どもたちは大学生、大学院生のお兄ちゃんやお姉ちゃんボランティアと一緒に卓球をしたりゲームをしたりおしゃべりをして過ごします。「サン」はSunday（日曜日）、Sun（太陽）のように温かい、学校でも家でもない「第三」を示す、そのような場所だというのです。

遊びや会話の中で、学校や家では見過ごされがちな課題を、毎回の活動の後、ボランティアがふり返り、小さな気づきを共有します。ボードゲームをしていた時に数字が読めていない、日時の認識が曖昧、将来や職業に対するイメージをもてない、など。その上での支援を行うのです。

担当職員の山根さんは「子どもにとって学校も家も大事だけど、どちらにも居心地の悪さを感じる子どもがいます。子どもたちのつぶやきを拾って、少しでも安心してありのままで居られる場づくりを目指しているのです」といいます。素を出せる場、子ども同士でお互いのルーツや悩みを話せような場づくりには、伴走するという自覚を持ったボランティアが必要で、その育成にも力を入れています。

狭間の若者たちと「たまりば」

日本では一〇〇パーセント高校へと進学する中、外国人の子どもの高校での教育を保障しようという動きも出てきています。しかし、日本語指導が必要な高校生の一〇人に一人は中退、二割弱は進学も就職もできず、半分弱は非正規就職という数字が出されました[1]。その背景には、親たちが先に単身で日本に出稼ぎに来て、安定した在留資格や一定の蓄えができて、家族統合のために子どもを呼び寄せるケースが増えてきたことがあります。成人になる前に急いで呼び寄せられた一〇代後半の若者たちにとって、日本社会での自己実現を模索する受け皿はありません。

労働者の親世代と、学校に在籍する子ども世代の狭間にすっぽり隠れてしまった外国ルーツの若者たちに気づき、二〇一三年に若者事業が始まりました。若者同士が出会い社会とつながるための「たまりば」は日曜日の夕方、「今日はどうする？」から始められ、晩ご飯をつくって食べるのが定番となっています。コーディネーターや相談員も参加して、最近や将来のこと、勉強や仕事の悩み、ルーツのことなどを話しながら過ごします。労働者の権利などを学んだり、地域のイベントに出店したりすることもあります。「日本に来るつもりはなかった、自分の意志で来たわけではない」と語る若者が将来への希望を持つことができるのか、答えのない活動が続けられています。

unlearn 日本人の学びほぐし

こうしてさまざまな外国ルーツの人たちの居場所が機能するセンターですが、逆からみると「外部社会に居場所を確保することの難しさ」を示しているともいえます。「小学校外国語体験活動（豊中市教育委員会の委託事業）」という国際交流協会が豊中市内の全小学校に外国語体験をするため地域に暮らす外国人が授業に教えにいくプログラムのアンケート集計を行った履修生は、ほとんどの小学校で概ね満足しており継続して活動を行いたいという回答であった反面、本来目的とされている「外国ルーツの子どものエンパワメントにつながったか」に関しては変化なしの学校の割合が高かったと報告しています。

これに対して、この結果を見過ごすことはできないし、今後の活動に活かしていく必要があると感じたというが、エンパワメントそのものの評価が困難でわかりやすい数値となって現れない、地域や行政の承認を得るにはどうしても形にしなくてはならない、という矛盾をのべています。また、「子どもの本来の居場所であるはずの学校がそうではなく、センターが生きづらい外部社会からの避難場所となっていることはベストではない」と、マジョリティ側の変革をこれから行うべき課題としてあげています。

外国人を助けてあげる存在に押し込んでいる日本社会の構造にも目を向けていかなければならないことについては、「Unlearn（学びほぐし）」スタッフやボランティアなど実践者向けに二〇〇八年から始められた研修があげられます。これは既存の、あたりまえと思ってきた考え方を一度捨てるという意味です。マジョリティ側が「あたりまえ」と思っている言語、民族、国籍、文化的背景と違うことで外国人が生きづらさを抱えていることに対し、同じようになることで克服させるのではなく、もっと生きやすい環境に社会や価値観を自らが変えてく（捨てていく）ことは一朝一夕にはできません。まずは活動者や活動を支える組織が常に自分自身を検証する場、日本人と外国人の非対称性を自覚する場を根底におき続けることから始めているのです。

注

（1）「平成29年度中の日本語指導が必要な高校生等の中退・進路状況」（文部科学省）https://www.mext.go.jp./content/1421569_002.pdf

参考文献

公益財団法人とよなか国際交流協会編（二〇一九）『外国人と共生する地域づくり―大阪・豊中の実践からみえてきたもの』明石書店

（山野上　隆史・榎井　縁）

テーマ5

差別に抗う

私たちは共に生きることを目指すべき理念として共有しています。しかし、共生が実現していないからこそ、共生を問う必要があります。そこには必然的に課題が内包されています。その課題のうち主体的に向き合わなくてはならない問題が、日本社会における「差別」です。

アジア・太平洋人権情報センターは、国際人権に添った人権教育・人権啓発を行っています。次世代への継承を悩む中の受け入でしたが、履修生たちの視点を生かしながらも、予定調和的に教育プログラムは進まないことも教えていただきました。

とよなか男女共同参画推進センターでは、「固定的性別分業、差別的待遇と発言、表に現れにくい暴力など疎外要因がはびこっていな社会では全ての社会的構成要員が経済的、社会的、文化的、政治的活動を活き活きとすることは難しい」などといった抽象的な課題ではなく、すぐに解決することはできない、長い道のりの一部としての日常の経験をさせてもらいました。

MASH大阪は、三〇年間、研究と現場が協働しながら、感染症予防と啓発活動を大阪のゲイコミュニティと共に行ってきました。その活動は週末の夜中に施設を廻って資材を配るアウトリーチや、啓発や検査のための終日のイベントなど変則的でした。当事者と一緒に活動する中で身体を通して知ることの意味の深さはいずれの履修生からも述べられていました。

住民の二割を沖縄出身者が占める大阪市大正区。沖縄から働きに来た人たちに対する差別に抗うように、関西沖縄文庫が設立され、現在に至るまで様々な活動をしてきました。日本の多文化共生に警鐘を鳴らし続ける、主宰の金城馨さんの唱える「異和共生」にわたしたちは耳を傾ける必要があるといえるでしょう。

クロスベイスは比較的最近できたNPOですが、現在「多文化共生」に取り組む生野区の中ではなくてはならないほどの大きな存在です。若い世代が切り拓く多文化共生のまちづくりに期待する姿勢には大いに学ぶべきところがあります。

すべての人に人権を伝えるために
――一般財団法人アジア・太平洋人権情報センター

アジア・太平洋人権情報センター（通称：ヒューライツ大阪）には、二〇一三年度、二〇一四年度、二〇一五年度に公共サービス・ラーニングで、二〇一四年度、二〇一六年度にはプロジェクト・ラーニングで履修生を受け入れていただきました。

大阪でも人権教育・人権啓発が次世代に継承されにくい状況にある中、履修生たちの視点を生かしながらプログラムに取り組んでいただきましたが、予定調和的には進まないというリスクを抱えながらの指導をしてもらいました。プログラムの外部評価の際には、ニューライツ大阪の職員の方が「受け入れが、インターン、ボランティアという個ではなく未来共生プログラムであったこと、そこを通じて他の団体の経験を聞くことができたことがよかった」と述べられました。他のさまざまな団体との、点と点ではない関係づくりの一端も担っています。

ヒューライツ大阪とは

一般財団法人アジア・太平洋人権情報センター（ヒューライツ大阪）は、大阪府、大阪市をはじめ大阪府内の自治体、人権団体、労働組合、企業などの支援を受けて、一九九四年に財団法人として設立され、二〇一二年に一般財団法人となりました。団体のミッションとして、全ての人にとって大切な人権を伝えていくことを掲げ、国や文化の違いを越えて、世界のどこでも誰でも、いつでも同じように尊ばれるという普遍的人権、すなわち世界人権宣言および国際人権諸条約に盛り込まれた「国際人権基準」の普及を目指しています。そのために、情報収集、調査・研究、研修・啓発、広報・出版、相談・情報サービス（図書資料を所蔵）の活動に取り組んでいます。

安田純平さん講演会「シリア人質40日の深層に迫る」
（2019年5月）

世界人権宣言が示す「人権」

世界人権宣言は、すべての人が、誰にも侵されることのない人間としての尊厳と、平等に生きるための権利を生まれながらにしてもっていることを表明した文書です。前文と三〇条から

人種差別撤廃委員会日本報告審査の報告集会（2018年9月）

世界人権宣言 70 周年記念大阪集会（2018年12月）

成り、さまざまな基本的権利があげられています。具体的には、生命に対する権利、拷問や強制労働の禁止、思想、良心、宗教の自由、表現の自由など市民的・政治的権利（自由権）と、働く権利、労働組合を結成する権利、教育を受ける権利、社会保障に対する権利など社会的・経済的・文化的権利（社会権）などです。

これらの権利の保障のためには、一人ひとりが中心的な存在となるべきという考え方から、国家だけでなくすべての人がすべての地域で守るべき普遍的な宣言という趣旨のもと、「普遍的人権宣言」（直訳）と名付けられたのです。世界の五〇〇以上の言語に翻訳されており、日本では「世界人権宣言」という訳語で定着しています。

そのように、人権は、「生まれながらに持っている権利」の集合体であり、誰かに「思いやり」として与えられるようなものではないのです。「思いやり」は、人種や肌の色、民族、宗教、性的指向などが異なることを理由に、仲間でなく異質だとみなされたらすぐさま対象外となり排除されかねません。人権は、マイノリティを含むすべての人が「人間らしく扱って」といえる権利なのです。そのことが世界人権宣言に込められているのです。

世界人権宣言を受けて、国家に人権保障の義務を課す国際人権規約（社会権規約、自由権規約）、人種差別撤廃条約、女性差別撤廃条約、子どもの権利条約、障害者権利条約など多くの人権条約へと発展しました。

人権教育の推進

ヒューライツ大阪が設立以来継続してきたことは国際人権基準にもとづいた人権教育です。人権教育とは、人間としての権利について教え学ぶことです。

二〇一一年の「人権教育および研修に関する国連宣言」では、「すべての人は、人権と基本的自由について知り、情報を求め、手に入れる権利を有し、また人権教育と研修へのアクセスを有するべき」と権利について述べています。人権教育とは、「思いやり」「やさしさ」「いたわり」を持つことを促したり、そのような倫理・道徳的価値観を学ぶことではありません。

人権問題は、個人の力で解決できるものではありません。とりわけ、競争や市場原理の中で取り残されている人が抱える問題は、「自己責任」での解決は困難です。人権を実現するためには、まず国や自治体など公的機関に一義的な義務があり、法制度によるアプローチ、つまり「制度によるバリアフリー化」が必要です。

開発の課題に例えると、水道設備などをつくるインフラ整備は生活基盤を整える上で不可欠なものですが、同じように人権基盤を整えるためには「人権のインフラ整備」が重要です。国は人権保障に関して、市民運動の突き上げを受けて重い腰を上げてきました。つまり、市民が声を上げて求めていくことが重要なのです。

人権の歴史を振り返ってみると、公的機関による人権への取り組みは、差別、抑圧、排除に対して立ち上がった人々の運動で前進してきました。全ての人、すなわち私たち一人ひとりが権利行使の主体です。そうしたなか、権利が侵害され、取り残されやすいマイノリティのエンパワメントに向けた人権教育が大切です。人として幸せを求めて行動することは良いことであり、権利を行使することは正しい、と伝えていないと、世の中は良くなりません。

未来共生プログラム履修生の活動

ヒューライツ大阪は、二〇一三年度から二〇一五年度にかけて、大阪大学未来共生プログラム履修生の公共サービス・ラーニングのプログラムとして毎年一名ずつ数か月間にわたりインターン生として受け入れました。各インターン生には、情報収集の補佐や、主催セミナーの広報、および運営など、人権に関して学んでいただくとともに、ヒューライツ大阪の日常の活動に貢献してもらいました。

そうしたなか、二〇一四年度には、プロジェクト・ラーニングとして、ヒューライツ大阪によるフィールドワーク「大人の遠足」を共同企画し、第一回目「多文化にともに生きるまち：大阪茨木・豊川を歩く」（五月）を、第二回目「自然環境と人々の暮らしを考えよう―蛍池・利根山・待兼山を歩く」（七月）を開催しました。若い世代を対象に意識してもらった企画をたててもらい「まちと人と共生」をテーマに地域を探る企画を実施することができました。企画者としてイベントをつくったことがない履修生たちにとっては、誰に話を聞けばよいのか、どこに相談にいけばよいのか手探りで、広報も含めスケジュール管理がうまくいかず、チームの足並みも揃わないといった葛藤も含め、ヒューライツとしては、そうした状況を見守っていく忍耐が求められました。

第６回「対話をとおして“人権教育”に出会いなおす―コリアンルーツの教員と『私は何者？』についてゆっくり語る」（2018年12月）

大人の遠足：まちと人と共生「多文化にともに生きるまち―大阪茨木・豊川を歩く」でモスク訪問（2014年５月）

また、二〇一六年度のプロジェクト・ラーニングでは、ヒューライツ大阪と未来共生プログラムの共催で、共に人権を考えるためのリビングライブラリーを開催することができました。人を「本」に見立てて対話をするというリビングライブラリーの手法について履修生たちが学びました。日本においては社会的マイノリティとされる人である程度自分について語る経験を持っている人が本になることが通常でしたが、本の経験を持つ当事者から、本来誰もが「本」になることができ、誰もが読者と対話できるということを聞き、履修生自らが「本」になることとしました。リビングライブラリーは、「高校生のためのリビングライブラリー」と一般に向けた「リビングライブラリー人を読む、おもいを味わう」の二回が企画されました。後者では「本」と読者が一緒に思いのある料理を作り、味わうという履修生から出されたユニークなアイディアで、セクシュアル・マイノリティや外国につながる子どもたち、難民、ジェンダー、シングルマザーをテーマに意見交換する機会を設けることができました。

いずれのプロジェクトも、これまでヒューライツ大阪があまりアプローチできなかった大学生や高校生など若い世代へ向けての取り組みであったことは評価に値するものです。

また、公共サービス・ラーニングのインターン生として受け入れた履修生とは、積極的にコミュニケーションをとり、ヒューライツ大阪が隔月で発行しているニュースレター「国際人権ひろば」への寄稿を持ちかけ、二〇一四年一月号にイスラエルとパレスチナ問題に関して（井坂智人さん）、二〇一六年三月号に日本におけるインドシナ難民の現状と課題に関して（梶田智香さん）執筆しています。

持続可能な開発目標（SDGs）の根幹に据えられた人権

二〇一六年から始まった「持続可能な開発目標」（SDGs）の認知度が高まり、注目を集めています。

SDGsは、二〇一五年に国連総会で採択された「持続可能な開発のための二〇三〇アジェンダ」に盛り込まれています。「二〇三〇アジェンダ」は、貧困を克服して、人種、肌の色、性別、言語、宗教、政治、信条、国籍、社会的出自、貧富、出生、障害等の違いに関係なく全ての人が平和と豊かさを享受できるようにすることを目指しています。その根幹は、差別なく、全ての人が恐怖や欠乏からの自由を確保することです

SDGsがめざす「誰一人取り残さない」ためには、平等と非差別・反差別の原則を核心に置くこと、さらに言えば、国際人権基準に基づく政策を確立することが大切です。そうした政策には、国がその責任を有すると明記されています。

こうした取り組みは、未来共生プログラムの目指すところとも重なるものでしょう。人間が幸せに生きていくためには一人ひとりの権利が守られて、また一人ひとりが権利を行使できるような、人権の共通のルールがもっと社会に根付いていくことが大事です。そのための人権教育の推進に今度も取り組んでいきたいと思います。

（藤本　伸樹・榎井　縁）

※ヒューライツ大阪は二〇一八年、世界人権宣言七〇周年を記念して人権の基本をビジュアルに伝える冊子『人権ってなんだろう?』（解放出版社発行）を発行しました。

ジェンダー・イシューは女性のつぶやきから
――とよなか男女共同参画推進センターすてっぷ
（一般財団法人とよなか男女共同参画推進財団）

とよなか男女共同参画推進センター（通称：すてっぷ）には二〇一三年度、二〇一五年度、二〇一六年度に公共サービス・ラーニングとして履修生を受け入れていただきました。履修生たちははじめ「日本の女性は人口の半分を占めており、健康と長寿に恵まれ、世界の中でも高い教育を受けているが、その能力が必ずしも社会で充分に活かされているとは言えない」「固定的性別分業、差別的待遇と発言、表に現れにくい暴力など疎外要因がはびこっている社会では全ての社会的構成要因が経済的、社会的、文化的、政治的活動を活き活きとすることは難しい」など抽象的な課題をもって臨みましたが、すぐに解決することはできない、長い道のりの一部としての「男女共同参画」という課題の日常の経験をさせて頂きました。

豊中市における男女共同参画社会の推進

日本で男女共同参画社会基本法が制定されたのは一九九九年です。「男女が、社会の対等な構成員として、自らの意思によって社会のあらゆる分野における活動に参画する機会が確保され、もって男女が均等に政治的、経済的、文化的、利益を享受することができ、かつ、共に責任を負うべき社会を形成すること（第二条）」が定義され、その責務を日本国政府や地方公共団体に求めました。これを受けて男女共同参画社会をめざす条例とそれに基づく計画を策定する自治体が増えていきました。

すてっぷのあるビル（エトレ豊中）の外観

豊中市では、一九八〇年代より女性問題推進会議が開かれ、女性問題への取り組みの拠点としては「婦人会館」「働く婦人の家」の二施設がありました。それらを統合するような形で、二〇〇〇年に、とよなか男女共同参画推進センター条例に基づいた「とよなか男女共同参画推進センターすてっぷ」が設立されました。すてっぷは、社会のあらゆる分野への男女の均等な参画及び男女の人権の確立を図り、男女が社会の対等な構成員としてその責任を分かち合い、共に築く男女共同参画社会の実現をめざすことを目的として、女性問題に取り組む市民や団体などの活動の場として利用されています。

現在は、指定管理者制度によって一般財団法人とよなか男女共同参画推進財団が管理運営をしており、講座・イベント、情報ライブラリー、女性のための相談室、調査研究とともに貸室などの施設提供事業を行っています。

すてっぷには、未来共生プログラムの履修生を公共サービス・ラーニングの現場として受け入れてもらいました。その履修生たち多くはジェンダー論や男性学といった学問的・理論的な興味関心を持ち、地域の具体的な現場を希望してすてっぷを選びます。しかし、公共の誰にでも開かれた施設では、受付や催事の設営準備や片付け、アンケートのとりまとめなど、日常的な業務以上の体験を求めることは難しいことでした。

専門図書室である情報ライブラリー

二〇一三年度に受け入れた履修生は、ジェンダー論や男性学の理論的研究をしており、行政の分野でジェンダーに関する政策や取り組みをする公共施設を希望し、情報ライブラリー業務を手伝いました。

ライブラリーには、フェミニズム、女性学、社会学、法学、文学、絵本など多岐にわたる書籍および雑誌を所蔵しているほか、ＤＶＤなどの映像資料、市民団体などが発行するミニコミ誌も揃えられており、いずれも男女共同参画に資すると認められた資料が二万二千点を超える精選されています。

そこでの資料の配架作業と書籍、雑誌、ＤＶＤ・ビデオなどの貸し出し返却業務といった通常業務と、ライブラリー担当職員からの課題を行うことになりました。課題とは、藤枝澪子遺贈金による次期購入文献のリストアップ、高校生を対象とした企画作成、ライブラリーの書籍展示本リストの作成でした。

藤枝澪子さんは女性学・ジェンダー研究のパイオニアで、ケイト・ミレットの『性の政治学』などを翻訳して日本に紹介した方ですが、大阪府をはじめ各地の男女共同参画政策に関わっていました。とよなか男女共同参画推進財団の理事も務めており、寄贈された蔵書は、すてっぷのライブラリーの一画に「藤枝澪子ライブラリー」として集められ開架していました。履修生は、藤枝さんが海外の理論を日本に輸入したことに注目し、その後の理論を追える本を探しましたが、そうした資料はほぼ収集され揃えられていることを知り、ライブラリーの質の高さに驚かされたといいます。

すてっぷ情報ライブラリーのえほんのひろばを利用している親子

施設が公的に開かれているため、自習勉強の単なる場所として毎日利用しにきている高校生を意識して、受験や学校とジェンダーに関するデータをパネル化して目につきやすい場所に配置することを提案します。

ただ、こうした公的施設の中では、文献で研究したようなかつての女性たちが願いをこめた運動の息づかいが感じられないことから、政策化してしまった男女共同参画以前以降の間に断絶があるのではないかという分析もしました。

女性の自立を支援する

すてっぷの大きな特色をもつ事業として、相談業務があげられます。電話でできる「女性の生き方総合相談」、デートDVなどの問題に対応する、一〇代から三〇代の若年女性を対象にした「ガールズ相談」、弁護士による「法律相談」、専門家による「からだと心と性の相談」があります。労働相談には、社会保険労務士が対応し、求職や転職の相談や仕事と生き方を考える「しごと準備相談」や「しごと活動相談」もあります。いずれも、悩みや迷いを抱えたり、社会的に不利な立場にある女性たちをサポートするために、きめ細やかな相談体制を整えています。

二〇一六年度に受け入れてもらった履修生は、二〇代から五〇代までの求職中や転職を考える女性のための協賛事業「転職カフェ」を体験して次のような感想を語ります。

「参加者には、カウンセリングに近い形式の話をしながら『いいんですよ、少しずつで』『いい子ちゃんにしなくてもいい』『ちょっと自分を休める・大切にする』など心理的に励まし、注意を払って聞き、同調しておられた。その一方では、社会から期待される役割と現実の自分が『ずれて』もうけいれる、コミュニケーションの大切さが強調されていました。最初は発言に戸惑っていた参加者たちも、転職カフェが終わった後は、お互いの話について活き活きと話す様子が見られて、場の空気が大きく変わっていることがわかった。」

また、二〇一七年に受け入れた履修生も、一度退職した女性の再就職を支援する「お仕事リターンズ・プロジェクト」の講座である再就職セミナーに関わり、幅広い年齢層の人びとが共通の目標をめざして、共に支え合い、コミュニケーションを図る場として作用して、講座を通じて自信をとりもどす姿を次のように述べています。

「退職した後、家事や子育てに追われ、社会復帰への自信を喪失している女性が再就職に向けて動き出すことは難しい。社会に出る自信を持つことや、中長期的な視点に立って自分の人生設計を考える機会を得るには家にいたままでは難しい。すてっぷの講座を通して同じ悩みを抱えた女性たちと思いを共にしながら、スモールステップを踏めること、プロジェクトはそういう人生の一段階として機能しているといえるだろう。」

相談室の受付

2017 年度の「体験！避難所運営ゲーム（HUG）」の講座風景

女性のつぶやきを受け止める

すてっぷでは、「女だから……」「母親だから……」「娘だから……」などの女性の役割は、固定的なものではなく変えることができると考え、変えられないという思い込みに気づくこと、思い込みを変えることで生きづらさが緩和され幸せに生きられるということを、一人でも多くの人に知ってもらい実感してもらうことをめざしています。女性自身がそのような思い込みに囚われることが自らの生きづらさの根っこにあることを、彼女たち自身の言葉で語ることができれば、囚われから脱する一歩となります。「自分はどう生きたいのか」という問いの答えを探すことは、人がエンパワメントされていく原動力です。女性たちに問いかけ、そのつぶやきを受け止めながら、個々の生きづらさの解消につながる支援を各事業が連携して施設全体として行うよう努めています。

「ワンオペ育児」という言葉で育児のしんどさに気づいた男性たちがいたように、「#Me Too」をキーワードに性暴力被害者が自らの被害を他者に伝えられたように、女性のつぶやきに耳を傾けることから人々の意識や社会が変わっていくということが実際に起きています。個人的な問題が社会の問題と無関係ではないことを、社会に対して働きかけていきたいと思っています。

（榎井　縁）

ウイルスに脆弱な人の命と健康を守る
——MASH大阪

MASH大阪は、一九九八年HIV感染症が社会現象化する中、この三〇年間、研究と現場が協働しながら、感染症予防と啓発活動を大阪のゲイコミュニティと共に行い、その拠点として大阪・堂山町のコミュニティセンターdista（drop in station）を運営しています。

二〇一四年度、二〇一六年度の公共サービス・ラーニングで履修生を受け入れていただきましたが、活動は週末の夜中に施設を廻って資材を配るアウトリーチや、啓発や検査のための終日のイベントなど変則的で、大変でした。しかし、当事者と一緒に活動する中で身体を通して知ることの意味の深さはいずれの履修生からも述べられていました。

新型コロナウイルスと向き合う中で

「今の世界の動きを見ていると三〇年前を思い出すというＤＪの方もいました。人種、セクシュアリティ、ジェンダー、セックス……あらゆることに影響のあったエイズパニックからわたしたちは多くのことを経験しました。感染症の流行に伴って、その陰で脆弱な層が被害にあう中で、排除や非難を乗り越えて、なんとかウイルスと共に生きる方法を模索してきたのが私たちです。しかし、現在の新型コロナウイルスに関わって過熱する報道を見ていると本当に学んでこれたのか、疑問が残ります。」

この文章は、ＭＡＳＨ大阪が発行している中高年世代のライフプランを考えるニュースペーパー『南界堂通信』二〇二〇年六月号に記されたものです。三月から国内における新型コロナウイルス感染拡大の動向を捉えながら、治療法の確立されていない感染症、「クラスター」という専門用語や、感染経路を探索して予防につなげるのはＨＩＶ／エイズ対策で実践された疫学の手法と重なったといいます。

五月にはＬＧＢＴやＨＩＶ／エイズの活動に取り組んできた団体や個人が政府等へ要請を行い、ＭＡＳＨ大阪も参加しています。その内容は、感染者の人権を守り差別・偏見をなくす手立てをつくすこと、個人情報の収集は合意形成を重視し、常態化を避けること、などでした。すでに性的指向と感染症を関連づける発言や、関連施設に対する流言飛語が広がっていたのです。

性病検査キャンペーンの冊子

MASH大阪の原点

ＭＡＳＨ大阪は、八〇年代から九〇年代にかけて、社会現象ともなったパンデミック（感染症の世界的流行）としてのＨＩＶ感染症の課題に取り組むために誕生しました。疫学研究者というエイズ研究の専門家と、地域の公衆衛生への責任を持つ行政である保健師と、当事者を含む活動者・ボランティアの三者が、施策や研究と当事者の間にある「不信」という深い溝を越えるために力を合わせることになったのです。

研究者による膨大な数の専門的調査には、ゲイタウンの店舗を巻き込む必要があり、活動者・ボランティアが協力しました。その調査分析を踏まえて、質の高い検査を行政や関係団体が行いますが、知恵を絞ったエンターテイメント性を持った総合啓発イベントとしての検査は、全国のモデルケースになりました。また「ゲイ対象の商業施設で働く人びとと顧客の総体、働く人たちや顧客の間のある種のゆるい地縁的ネットワーク」としての『コミュニティ』へのアウトリーチ活動にも発展し、コンドームや活字媒体などの啓発資材が、バー・クラブ店舗の協力により定期的に配布されています。

また、仲間の共有できる「場」としてのコミュニティセンターdistaを地域市民団体（ＣＢＯ）[1]として運

HIV& 梅毒検査「ピタッとちぇっくん！」チラシ

営しています。開館日にはスタッフを配置し、開発資材の収集や提供、コミュニティ情報の収集や提供、情報収集のためのインターネット利用の提供などを行っています。

オープンでフラットな場からの学び

二〇一四年度に公共サービス・ラーニングで従事した履修生は、医学系研究科公衆衛生学専攻に所属していました。そもそも彼女が「感染症やAIDS患者のサポートに関して学びたい」と希望しなければ、未来共生プログラムとMASH大阪との出会いはありませんでした。この履修生は活動が終わった後に、自らの体験について「『研究の原点』に還る」と表現しました。

公的補助金の削減でdistaの運営を縮小せざるを得なかった時、当事者や当事者の家族から資金援助をしてもらうという提案をしたらスタッフから「HIV感染は国の公衆衛生の責任です」と指摘されます。MASH大阪が任意団体であるのも当事者だけを考え活動し、必要性がなくなったら終わらせることができるから、という説明を受けるのです。

論文を書くための綺麗なデータや、結果を出すための統計手法に追われる日々の中で、自分が疾病予防の研究で当事者の役にたちたいから研究者をめざしたのだという初心に戻ることができたというのです。

二〇一六年度の履修生は法学研究科に所属していましたが、やはりこの場が誰にとっても「セーフな場」になっていて、自分にとっても家のような存在だと述べています。そして法社会学の立場からLGBTについての法的な考察を東アジアに焦点をあてて行いました。理由があって彼はその後、出身国に帰国するのですが、大阪に来る機会があるとdistaに顔を出していると聞きます。

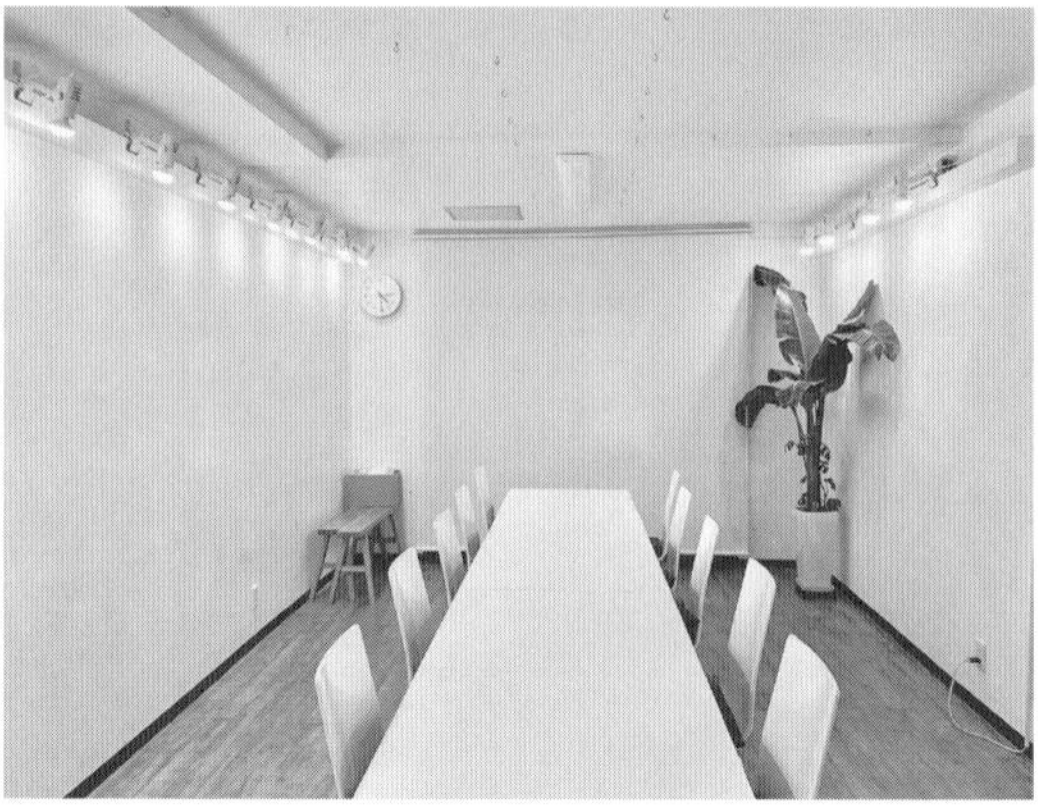
コミュニティセンターdista会議室

MASH大阪は法人格を持たない任意団体であり続けています。それは目的に賛同し行動するために集まった人で構成されているからだといいます。組織化することによって、本来の目的よりも、組織を維持したり延命させることにならないためというMASH大阪独自のスタイルだといえます。ボランティアスタッフは数十人以上いますが、専従は一人で、固定されておらず、限られた日時に事務所を開けています。他はすべて仕事を持ちながら関わっているのです。

意志決定や責任は誰が？と普通は考えそうですが、月二回第二日曜日と第四土曜日に開かれるオープン・ミーティングで活動の内容や方向性が話し合いによって決められているのです。コミュニティの人や当事者はもちろん、活動に賛同する誰でもが参加することができるというものなのです。報告、検討、提案する議案を共有して、情報量を均一化しながら毎回の会議が進められ、プロジェクト毎に資料が提出されます。限られた時間ですが、このプロセスが積み上げられ恒常化してきたからこそ、ひとり一人のコミットが大切にされ、運営への参加の意識もでてくるのです。二人の履修生たちも同じようにこの会議に参加し、そこで前述のような学びをしたのです。

当事者の積極的参加

ＭＡＳＨ大阪は、ＨＩＶと生きる人の積極的参加を謳ったＧＩＰＡ原則[2]をベースに活動を進め続けています。ＧＩＰＡ原則とは、The Greater Involvement People Living with HIV のことで、国連合同エイズ計画（UNAIDS）がＨＩＶと生きる人の積極的参加が大切だと一九八〇年代から提案されました。二〇〇六年国連エイズ対策レビュー総会の政治宣言では全加盟国（一九二カ国）がＧＩＰＡ原則を確認しています。

ＭＳＭ[3]のセクシュアルヘルスが当たり前のように地域課題になれば多様性のある社会や共生社会につながると考えているのです。

「スティグマっていうのは強いと思うんです。ただ、そんなことに揺らいではいけないと。差別っていうものも、もしかしたらなくならないかもしれない、ただそれを放置することはいけないことなんじゃないかなと思うんです。そこに敏感になること、そこで自分の心がざわつく、揺さぶられるのはなんでだろうと考えたり、考えた後に、何かが見えてきそうな行動をしてみたり、っていうことの方が重要だと思うんです。」（二〇一七年ＭＡＳＨスタッフインタビューより）

注

（1）CBO　Community Based Organization の略：地域市民団体。

（2）GIPA 原則　The Greater Involvement People Living with HIV のこと。国連合同エイズ計画（UNAIDS）がＨＩＶと生きる人の積極的参加が大切だと一九八〇年代から提案され、二〇〇六年国連エイズ対策レビュー総会の政治宣言で全加盟国（一九二カ国）がＧＩＰＡ原則を確認している。

（3）MSM　Men who have sex with men の略：男性と性行為を行う男性。

参考文献
大阪弁護士会人権擁護委員会（二〇一六）『ＬＧＢＴＱの法律問題Ｑ＆Ａ』弁護士会館ブックセンター出版部ＬＡＢＯ
榎井縁（二〇一七）「ウィルスに脆弱な〈ひと〉のセクシュアルヘルスを守る　ＭＡＳＨ大阪」『未来共生学』四　大阪大学未来戦略機構第五部門未来共生イノベーター博士課程プログラム
崔美善（二〇一五）「『研究の原点』に還る場所」大阪大学未来共生イノベーター博士課程プログラムニューズレター vol.4 Spring

（ＭＡＳＨ大阪・榎井　縁）

「異和共生」スキマをひろげるために
——関西沖縄文庫

住民の二割を沖縄出身者が占める大阪市大正区。沖縄から働きに来た人たちに対する差別に抗うように、関西沖縄文庫が設立され、現在に至るまでさまざまな活動をしてきました。

二〇一四年度、二〇一六年度と関西沖縄文庫には公共サービス・ラーニングで二人の履修生を受け入れていただきましたが、その他未来共生プログラムの催事などにも幅広く協力しています。

日本の多文化共生に警鐘を鳴らし続ける、主宰の金城馨さんの唱える「異和共生」に私たちは耳を傾ける必要があるといえるでしょう。

関西沖縄文庫の設立と金城馨さん

一九八五年大阪市大正区に関西沖縄文庫（文庫とする）は設立されました。沖縄人が自らのアイデンティティーを保持し次世代に受け渡すため、日本人が対等に出会い直すため、これまで多くのイベントが執り行われ、沖縄人・日本人を問わずインパクトを与えてきました。

主宰者金城馨さんは沖縄コザ（現沖縄市）で生まれ、一歳で関西に移住してきました。小学校の頃は差別されない（踏まれない）ように日本人になろうとしていましたが、高校時代に「差別問題研究会」に関わり「沖縄返還」や米軍基地問題と向き合い、自分自身のもう片方の足が沖縄出身の親や祖父母や地域の人たちを踏んでいる感覚の気持ち悪さに気づきます。その後、大正区に足を運ぶようになり、文庫を設立するに至ります。現在も私設図書館として沖縄関係の八千冊の書籍や音声・映像資料など約一万点が所蔵されています。

沖縄にまつわる政治課題に黙さない

二〇一四年度の履修生は、大学入学を機に沖縄から大阪に出てきた学生で、大正区に生きた沖縄人のオーラルヒストリーを起こすという作業をしました。当時の区長が「沖縄×浪速」（おきナニワン）というコンセプトで大正区の沖縄性をアピールするパンフレットのリソースを文庫に頼んだからです。

関西沖縄文庫図書館

作業は文庫で行われ、かれはそこで出会いを体験します。「沖縄に関わることを日々考えて・行動する人が集まっていた。その中には大学教授、大学院生などの所謂『アカデミック』な人のみではなく、看護師、活動家、アーティストなど多岐にわたっていた。さらにエスニシティに言及すると沖縄人だけでなく日本人で自らの問題として行動する人々、在日コリアン一・二世の方々、大阪で生まれ育った沖縄人というように、様々な考え……ルーツを持った人が集まっていた」のです。

沖縄では、「政治のことになると口が悪くあるから絶対言わんよ、内地では怖い人もいるから」と両親から言われ続け、自分の中の沖縄における諸問題に対する思いを封印してきたのは迫害を恐れてきた面もあったようです。しかし、文庫で問題意識を共有人たちと出会い、話す中で「沖縄に関する政治的な自分の考えを自由に表現する勇気」を得た、と人生の転機となったことを語っています。かれはその後研究内容も沖縄のしまくとぅばに変更し、文庫でも活動しながら博士後期に進んでいきます。

差別発言と「人類館事件」

二〇一六年度文庫に行った履修生は中国からの留学生で河北省恩施市のトウチャ族という少数民族出身でした。文庫の膨大な書籍のリストを正規化する作業を行うと同時に、イベントや講義に参加したり、映像を観たり、多くの人と交流をしました。その一〇月、沖縄での市民抗議に対し大阪府警が「土人」「シナ人」と発言したことが表面化します。この眼差しは一九〇三年の「人類館事件」から綿々と続いているといいます。文庫に集う人たちでつくった『人類館—封印された扉』は、大阪で開催された第五回内国勧業博覧会の場外の民間パビリオン「学術人類館」に異人種とされた「アイヌ」「台湾生蕃」「琉球」「印度」「ジャワ」「バルガリー」—が生身で展示された検証をしてまとめたものです。『人類館事件』という過去形の事件ではなく、マイノリティを理解しようとする、人類館的なまなざしこそが、今も差別を再生産しているし、大阪府警の発言にもつながっているといいます。

学術人類館の旗を掲げる建物が「人類館」

「人類館」の本質は、パビリオンとして存在したことよりも、むしろ人々の中に存在し続けていることです。大阪府警は「人類館」のその扉を開けただけだといえます。

「異和共生」と「出会い直し」

一二月には「二〇一六年第三二回たいしょう人権展」が開催され、文庫では「異和共生～ダイバーシティ（多様性）の受容」を宣言しました。

「多文化共生の『理解』は同化を強いており、違いのカベを壊す暴力になります。だからこそカベを意識し、違いを維持することが必要なのです。すると『対話や関係性ができない』という不安の声が聞こえます。カベとカベを離して、スキマができればどうでしょう、うまくいくように思います。それぞれの『正しさ（違い）』がお互いのカベの中にあれば、スキマは間違いを共有する空間となり、そこに間違いを正すためのコミュニケーションによって『出会い直し』が生まれます。異和共生によって生み出されたスキマが共生空間なのです」

この異和共生は金城さんの造語ですが、履修生は「おきナニワン」で創作された「おきナニワんうどん」（大阪のきつねうどんと沖縄そばが合体）が大阪料理でも沖縄料理でもない「なんだそれ」という感情が拒絶でなく、あえて〝笑う〟ことがスキマを広げる一歩のように思ったといい、異なったまま和やかに共に生きることを発見したのです。

出会いの中でスペシャルを意識する

彼女もまた、出会いを経験します。沖縄出身で西欧音楽と沖縄音楽の比較研究している人から中国新疆のウイグル族の楽器の相違点を聞いたり、演劇と音楽を仕事にしている人から沖縄とトウチャ族の民謡を聴かせてもらっており、自ら文庫の「三線会」に参加して、民族音楽に伝統文化だけでなく都市文化やサブカルチャーが含まれていることを知ります。インド・マレーシア・インドネシア・アフリカの研修生の受け入れをした時には少数民族の人の経験を聞いて、自らのことを意識するようになります。中国では民族平等の理念のもとに特別優遇政策が実施されていたため、多民族国家内で一度も意識してこなかったトウチャ族としての「マイノリティあるいはスペシャル」性への思いを持つに至っていきます。

大正区で毎年開催されるエイサー祭り

沖縄に基地を押しつけている

二〇一九年二月沖縄で行われた「普天間飛行場の代替施設として国が名護市辺野古に計画している米軍基地建設のための埋め立

大正区でのフィールドワークを行う金城さん

てに対する賛否についての県民による投票」＝県民投票を受けて、本土のマスコミや市民から沖縄からボールは投げられたという言葉が多く聞かれました。

金城さんは「沖縄に基地を押しつけない市民の会」とともに、投げられたことさえ忘れられているかもしれないこの「県民投票」というボールのゆくえをいま探しています。それには、まず事実とは何かを考えきることで、政治に小さな穴が開けば、隠れている事実も私たちの手に触れることができます。たとえば、日本の戦後を平和で民主的であると語ってしまいますが、ここで「県民投票」という沖縄から投げられた?ボールを探しながら「もうちょっと考える」ことを実践します。

日本は敗戦によって、日本軍の支配から米軍を主体とするＧＨＱの支配に変わります。当時米軍基地というボールの九割が本土にありました。米国が投げたボールを日本政府は日米安保条約というグローブでキャッチしたのです。一九五〇年代六〇年代は、反米軍基地運動や米軍基地を支える日米安保条約に反対する行動に民衆が立ち上がり激しく打ち返した結果、本土の米軍基地は九割から三割に減りました。しかし、その矛先は沖縄に向いてしまいました。

今、沖縄に投げられた辺野古新基地という「暴力」のボールは「県民投票」という民主主義の実践を受けて、本土の私たちの手のとどくところにあります。このボールは米国へ沖縄から直接打ち返すべきだと考える人もいますが、戦後たどった日本の平和運動と民主主義の中身を思うと、米国にとどくはずはなくグアムに落下する危険があります。まず辺野古新基地問題の議論を「本土で引き取り」日本人の一人一人の手によって民主主義を実践することで、今度は間違いなく米国に向けて打ち返すことが、沖縄と本土の不平等を正す、出会い直す取り組みになるのではないでしょうか。

参考文献

榎井縁（二〇一六）「教育としての『共生』多文化教育不在の中で」『未来共生学』三　大阪大学未来戦略機構第五部門未来共生イノベーター博士課程プログラム

演劇「人類館」上演を実現させたい会（二〇〇五）『人類館―封印された扉』アットワークス

金城馨（二〇一九）『沖縄人として日本人を生きる　基地引き取りで暴力を断つ』解放出版社

（金城　馨・榎井　縁）

多文化と貧困の交差するまちで

――特定非営利活動法人クロスベイス

クロスベイスは比較的最近できたＮＰＯですが、現在「多文化共生」に取り組む生野区の中ではなくてはならないほどの大きな存在です。二〇一七年度公共サービス・ラーニングに履修生を受け入れて頂きましたが、代表者の宋悟さんと未来共生プログラムとの関係はプログラム開始年である二〇一三年からはじまっています。当時は茨木市にあるコリア系インターナショナルスクールに所属し、多くの履修生にフィールドを提供してくれました。

未来共生プログラムとの連携について「学びが起動するプロセスは、学生が心身ともに折れない程度で混乱と矛盾の中にたたき込むことだ」といわれており、大学や大学教員がそのためのリスクを引き受けることを提案しています。若い世代が切り拓く多文化共生のまちづくりに期待する姿勢には大いに学ぶべきところがあります。

岐路に立つ大阪市生野区

クロスベイスが活動拠点をおく大阪市生野区にある生野コリアタウン（御幸通商店街）は、年間二〇〇万人以上の来街者でにぎわう大阪でも有数の集客力を誇る商店街です。戦前の日本による朝鮮植民地支配とアジア侵略戦争により、日本への渡航を余儀なくされた在日コリアンたちが、戦後に商店街の前面に進出することで発展してきました。植民地と侵略、冷戦と分断、差別と共生の幾重にも積み重なる歴史の狭間の中で生き抜いてきた商店街です。

戦後最悪の日韓関係といわれる状況ですが、コリアタウンには週末ともなれば韓国の音楽・コスメ・飲食などを求め、若い世代を中心に多くの来街者で商店街全体が揺れるほどの盛況ぶりです。しかし今、超少子高齢化、子どもの貧困化、多国籍・多民族化への対応の遅れから、生野区が深刻な社会問題に直面していることも事実です。五軒に一軒以上の空き家、就学援助費の受給率は全国平均の二倍以上、外国籍住民の比率二〇%以上は都市部の自治体では一位です。

このような「課題先進エリア」として岐路に立ってもいるのです。

「未知なる自分」に出会う学習・体験活動

クロスベイスは、「差別と貧困をなくし、ともに生きる社会をつくる」ことをビジョンに掲げて、二〇一

ロート製薬の研究者とのワークショップ（2019年8月）

立命館大学へのキャンパスツアー（2018年12月）

七年四月に設立されたNPOです。多文化と貧困の家庭が複雑に交差する地域で生まれ育つ子どもの、将来の選択肢が狭まらないよう、①学習支援活動として学習サポート教室DO－YA（どぉや）、②体験活動体験活動のDO/CO（どこ）、③多文化共生のまちづくりに取り組んでいます。

学習サポート教室は、毎週月・水・木の夕方から小学四年生から中学生までを対象に行われていて、八か国にルーツを持つ子どもたち四〇名が毎週一回通うようになっています。不登校の子、難民の子、在留資格が不安定な子どももいます。

体験活動は、原則月一回、「広い世界、異なる他者、未知なる自分」と出会う機会です。しんどい家庭の子どもや親の行動範囲は驚くほど狭いか、偏っている場合が多いからです。地元ロート製薬の研究員による実験と新商品の開発ワークショップや、非正規労働者を対象とする労働組合の委員長による「中学生が学ぶ労働法」の学習会なども開催しています。あるときは、大学進学を想定していない小中学生や保護者と一緒に、立命館大学へのキャンパスツアーも行いました。大学生に案内してもらいながら、大学の施設や学びなどについてもレクチャーを受けました。

大学の自由な雰囲気に触発されたのか、不登校の子どもが感想シートに、「大学、すごいと思った。この大学に通おうと思った」と記しました。別の子どもは「大学がどのような場所かが分かった。自分を広げていくこと。人との関りあいの中で自分を深めていくこと。自分で何かをしていくこと」と。子どもたちの感性と洞察力に、大人のほうが舌を巻くときも少なくありません。

自分に向き合いながらコミットする

二〇一七年度クロスベイスでの活動を希望したのは、国際公共政策研究科で国際法における集団的権利をテーマに海外に関心を持つ履修生でした。就職や大学院への進学をきっかけに日本国内へ目を向けた際に、海外のフィールドで得た、マイノリティの権利の抑圧や選挙制度の欺瞞といった事例が身近にあることに気がつきます。そして近くに存在していた在日コリアンのことに興味を持たずに生きてきたことに対し、なぜ意識しなかったかという問いがうまれたのです。

半年間自分の根本にあるものを探る作業となり疲弊とともに、団体に貢献するという自身の傲慢が打ち砕かれ、学ぶことばかりだったと彼女は振り返ります。「研修中に大切にしたいことは何か、それを大切にすることによって修了時にこうなっていたい自分はどういうものか」と最初に問われます。そして、解ら

夏のキャンプ　夕食のカレー作り
（2018年8月）

ないと正直に聞くこと、片手間に考えた事はすぐばれること、考えに考え抜いた熱意は伝わることを真っ先に学びます。その後、活動に従事していく中で、自分の受けて来た教育への疑念が次のように湧き上がってきます。

「今まで何の疑問も抱かず、社会のお役にたてる人間が偉い、自分もそのような人間になりたいと単純に考えていた。けれどこのような画一的な人間ばかり生成される教育は果たして正しく優れているのだろうか。『社会・国家にとって』都合のいい人間の育成が全てなのだろうか。このベルトコンベアーの流れに乗れば、きっと『上手く』生きられるのだろう。だがその考えだけでは、『差別』と『貧困』は失くせないのだ。クロスベイスが推進するDO/COは、子どもたちが『多様性に出あう力』、ひいては多様な価値観を認め合える場に今後なっていくだろう。」

大切にしている基本ルールと思い

クロスベイスには、講師とスタッフ全員が大切にすべき基本ルールと、それに基づくDOリスト、DON'Tリストがそれぞれ三つずつあります。

最も大切な基本ルールは、子ども自身が「自分のことは自分で決める」ことを最大限尊重することです。二つめは、子どもの持つ学び続ける力を信じることです。三つめは、自分を認め、相手を認め、相手から認められる場の雰囲気をつくることです。

子どもたちは、自分がここにいる決定的な理由を見つけられない難しい時代を生きています。AIの進化が加速する一方「教科書を読めない」子どもたちが増える中、しんどい家庭の子どもたちに対して「頑張れば、報われる」などという無邪気な自己責任論ほど、不平等な社会構造を不問にした無責任なものはありません。

地域の人たちが抱える現実の不条理な苦痛と向き合い、その解決に向けて格闘しない活動は机上の空論です。それを克服するためには自分自身との共有が不可欠であり、履修生の経験はその一端だといえます。

多文化共生のまちづくりに挑戦

さいごに、クロスベイスの取り組む多文化共生のまちづくりについて紹介したいと思います。二〇一九年六月、大阪市区生野区において「IKUNO・多文化ふらっと」という市民団体が発足しました。市民一人ひとりを構成員に「人権尊重を基調とした多文化共生のまちづくり」をめざし、人的交流と論議、情報交換と共有、学びの場を保障することで、「多文化共生の生野区モデルの構築」に寄与することを目的としたこのプラットホームに事務局担当として参加しています。

この活動は、たとえ地域の小さな動きであっても、世界で取り組まれているSDGs「持続可能な開発のための二〇三〇アジェンダ」の普遍的な価値や理念と連動していると考え、たとえ「一センチ」であっても、具体的な変化をつくりだすことを目指します。

SDGsの中でも、社会の片隅に押しやられ「生きづらさ」を感じている人々が、社会の構成員として人間らしく生きていけるようにするための社会的包摂の視点の重要性を強調していきます。政府や企業レベルではこの視点が著しく欠落しているからです。この挑戦の「可能性」以上に「必要性」を大切にして歩みを進めていきます。

生野区の多文化共生まちづくりワークショップ
（2019年12月）

（宋　悟・榎井　縁）

第二部

場を創りだし、みなで対話する

——大阪大学大学院人間科学研究科附属未来共創センター

未来共創センターと知のキュレーター

知のキュレーターを目指して

大阪大学大学院人間科学研究科附属未来共創センターは二〇一六年四月に、人間科学部・大学院人間科学研究科の学生や教員が世の中の人々と共に未来を創っていくことをめざし、その双方をつなぐ、つなぎ目の役割を担うことを目的に設置されました。キーワードは「つどう、つながる、つくりあう」です。

二〇一六年四月は、人間科学研究科の組織改革が行われた年です。これまで人間科学専攻とグローバル人間学専攻の二本柱だったところを人間科学専攻にとりまとめ、行動学系、社会学・人間学系、教育学系、共生学系といった体制に変更しました。その狙いは、個々の学問を深めていくだけでなく、研究科内での交流を促進することにあります。

設置の経緯は「はじめに」で触れたので、改めてその趣旨をかみ砕いてご説明します。

「タコ壺化」は「細分化されすぎた専門」研究を揶揄する言葉として、長らく私たちに投げかけられてきました。大学の研究者は専門性を有しています。「専門知」を生産することは、私たちにとっての社会的使命です。ですが、そうした「専門知」が一般的に活用できるといえば必ずしもそうではありません。さらには、複雑・多様化する社会に向き合うとき、それぞれの「専門」のみで対応できるのかといった疑問が投げかけられてきました。

もとより、人間科学研究科は専門的知識を涵養するだけでなく各分野の専門知や研究方法を統合するため、「学際性」「実践性」「国際性」という三つの理念を掲げ、研究のための研究にならないよう、多様なつながりを重視してきました。またこうした理念は、人間科学研究科の教育方針にも示されており、自らの研究を実践するための高度なデザイン力を涵養するだけでなく、さまざまな専門的知識をもつ他者とのコミュニケーション能力の育成も目的としています。未来共創センターに与えられた使命は、人間科学研究科の取り組みを、さらに推し進めるものです。

さて、大阪大学が捉える大学の知の一つが「専門知」です。この「専門知」をより豊かなものにするにはどうすれば良いか。そのひとつは「専門知」と「専門知」を融合させる学際的な方向です。いまひとつは、専門知を社会の知を交流させた「統合知」を導くことです。未来共創センターが担うのは、後者の専門知と社会の知を統合し、さらなる未知の知である「共創知」をつくりあげることです。

この「共創」を作り上げていく過程をアートとして捉えたとき、未来共創センターはアートを作り上げるアトリエのようなものです。アトリエには多様な人が往来します。それは人間科学研究科の教員や学生だけでなく、地域住民や各種関係団体の方々も含まれます。私たちはそうした方々と「共創知」を作り上げるために切磋琢磨しています。

そのうえで、私たちのアトリエの存在やアートについて、社会へ伝えることも大切な仕事です。人間科学研究科では「専門知」だけでなく、「統合知」や「共創知」が創出されています。こういった多様な知を、まずは学内で共有し、社会へ伝えていくことを「知のキュレーション」と位置づけています。

以下では私たちの知のキュレーターとしての仕事を紹介していきます。

大学の知の社会発信

未来共創センターが発足して以来、二年の時間をかけて積み上げてきたのは、大学の知を社会に発信していくことでした。

まず活動の柱として位置づけたのが「人間科学セミナー」です。これは人間科学研究科教員を中心に、大学内外の研究者による研究講演を、市民のみなさまにも開放することで実施してきました。その他にも年に一回の「公開講座」を企画・運営しています。こちらは、人間科学研究科の教員が登壇し、その研究成果を広く社会に発信する活動です。これらの活動では、地域の方々に大学まで足を運んでもらい、私たちの研究活動を知ってもらうという役割も担っています。

関連して、『シリーズ人間科学』の出版にも取り組んできました。『シリーズ人間科学』のタイトルは「食べる」「老いる」「助ける」「感じる」など人の暮らしを表す動詞を掲げています。「人間科学」がフォローする研究分野は非常に広大です。それを人間の行動を示す「動詞」で取りまとめることを通じて、人間科学がいかに人々の日常や暮らしに即した研究であるかをわかりやすく発信することがその狙いとなっています。

つぎに紹介するのは、未来共創センターが大学内から飛び出し、学外で知のキュレーションを行う活動です。その柱となったのが、「まなびのカフェ」です。この企画は、人間科学研究科の教員と大学院生・学部生が協働し、箕面市国際交流協会や大阪市内の寺院・應典院とも連携をとり、中・高校生と保護者に研究をわかりやすく語り、対話する場をつくるものです。また、各地の小学校・中学校・高校と協働した学校訪問、出前授業についても取り組んできました。少し特殊な企画としては「コンポジウム」があります。コンポジウムとは「コンサート」と「シンポジウム」を合わせた造語です。人間科学研究科の教員や大学院生・学部生とともに、歌や音楽を交えながら研究を紹介するというものです。

こうした活動のほかにも、例えば人間科学研究科内での学生の交流を目的とした「ランチトーク」を学生中心で企画しています。人間科学研究科には、留学生、社会人院生など多様な学生が在籍しています。自身が所属する研究室だけでなく、研究科内での学生交流の場として、昼食をともにしながら自身の研究や取り組みについて語り合うというものです。

このような活動にあたって、私たちが大切にしてきたことは「対話」です。過去の大学と社会の連携は「専門知」を有する研究者が、それを社会に伝える形式が多く、それはどちらかといえば一方通行の交流でした。こうした一方通行を、相互交流に変えるため、まずは大学を学外関係者に開放していく。研究科内の交流も促進する。そのうえで私たちも学外に出ていく。そして、私たちの「専門知」を伝えるだけでなく、それをきっかけとして、多様な意見を折り重ねていくことを目指しました。

社会と大学との協働による知の創出

さて二〇一八年からの二年は、社会と大学の協働による知の創出に重きを置いた活動を展開していきました。

その柱になったのが、大阪大学オムニサイト（OOS）です。OOSとは、人々が支え合い、共生できる「場」を創出することを目指すプロジェクトとして、二〇一七年四月に設置したものです。

少子高齢、地方の過疎、災害の頻発、子どもの貧困など諸難題を抱える社会にあって、同時代的にさらには世代を超えて誰もが人間としての尊厳を持ち、さまざまな困難に立ち向かえるレジリエントな共生社会の構築が望まれています。そこで、OOSは、組織、人、知の壁を越えた利他・支えあいという共通価値を創出（Creating Shared Values）し、安全・安心な社会の実現に貢献することが目標となっています。

この共通価値は例えばSDGsなどによって示されることがあります。それは世界全体で目指すべき社会像や方向性がまとめられています。OOSではSDGsが掲げる目標にコミットしながらも、「ではそれを実現するためには、これまでのやり方ではだめで、あたらしいやり方や『場』が必要である」と考えています。

具体的にOOSでは、企業・財団・社団・地方自治体・NPO／NGOとオムニサイト協定を結び、定期的な会議を行います。協定を結ぶのも、大学側だけでなく、OOSパートナー側でもOOSの取り組みを事業として位置づけ、両社が協働していくことを明確にするためです。

過去の産学連携では、大学の研究者が現場に赴いて「専門知」を授けるといった構図で取り組まれてきました。講演形式ならば「専門知」の伝授が、共同研究ならば専門的な研究成果がゴールになります。しかし、OOSの場合は研究者も現場も「明確な答え」がわからない地点から取り組みを進めています。ゴールも不明です。

そのため、まずは研究者やOOSパートナーが協働できる「場」をつくります。その場に多様な参加者を巻き込みながら、研究や実践に取り組んでいきます。そのような取り組みを通じて導かれる知は、専門的な知と現場的な知が融合した「共創知」であると私たちは捉えています。

もっとも、この「共創知」も明確な定義があるわけではありません。研究者側から考える「共創知」については、栗本（二〇二〇）などを参照していただくとして、私たちはOOSパートナーとともに、「共創知」を検討するためのシンポジウムを毎年一回開催しています。このシンポジウムでは、OOSパートナーとともに年度ごとの取り組みを共有するだけでなく、OOSパートナー団体と人間科学研究科の教員・学生がワークショップを行い、交流を重ねています。本書籍のなかでも、OOSパートナーとの共創について一部紹介しています。

未来共創センターとしてはOOSの活動はまさに知と人のキュレーションであると捉えています。OOSの取り組みでは専門知も活用されますが、現場の知も活用します。そうした多様な知をコーディネートしながら、多様な人材が参与できる「場」をつくる。そして、その「場」に、人間科学研究科の学生が参加することを通じて、社会的に解決が困難な課題にコミットする人材、アントレプレナーシップを併せ持つ人材を育てることができると考えているからです。

場を創り、場を活用する

以上のように未来共創センターでは、第一段階として、これまでの人間科学研究科の専門知を広く社会に提供することから活動を推し進めました。そして第二段階として、大学の専門知だけでは解決が不可能であろう問題を、OOSパートナー団体とともに「場」をつくることで取り組むことにしました。いずれも過去の用語でいえば学外連携や社学連携、産学連携といった言葉で表されるものですが、ひとつひとつ活動に意味をもたせつつ、これまでにない活動として位置付けています。

以下、第2部では、未来共創センターによる共生のアートをご紹介します。第1部で紹介した未来共生プログラムの取り組みが、共生社会実現のための最前線での活動にコミットしていく活動であるとすれば、第2部でご紹介する共生のアートはやや現代芸術寄りの、これまでにないアートを模索する取り組みとして捉えていただけるのではないでしょうか。

参考文献

栗本英世（二〇二〇）「人間科学型の共創および共創知を目指して」『未来共創』七.

（山本　晃輔）

協定先	組織形態
一般社団法人　全国自治会活動支援ネット	一般社団法人
一般社団法人　全国寺社観光協会	一般社団法人
一般社団法人　今井町大和観光局	一般社団法人
岩手県九戸郡野田村	行政
パナソニック ホームズ株式会社	企業
新安世紀教育安全科技研究院	NPO 法人
北いわて未来ラボ	NPO 法人
日本災害救援ボランティアネットワーク	NPO 法人
ジャトー株式会社	企業
NTN 株式会社	企業
ダイハツ保健センター	企業
一般社団法人タウンスペース WAKWAK	一般社団法人
中銀インテグレーション株式会社	企業
共和メディカル株式会社	企業
愛媛大学 社会共創学部	大学
西予市野村地域自治振興協議会	市民団体
大阪市教育委員会	行政
NPO 法人おおさかこども多文化センター	NPO 法人
一般財団法人地域情報共創ネットワーク	一般財団法人

表５　大阪大学オムニサイトパートナー団体（2021 年３月）

テーマ1

大学における共創の場

大学は「専門」の知識を生みだす「場」です。ところが、専門知はそれがより高度になるにつれ、理解できる人やシェアすることが難しくなりがちです。また、大学内外だけではなく、大学内においても「専門」が違えば、知識をシェアすることが難しくなってしまうことがありました。

未来共創センターが目指しているのは、共創の「場」をつくりだすことです。この課題に取り組むために、私たちは足元の大学内での交流に取り組んでいます。

まず紹介するのが未来共創センターの「アウトリーチ」活動です。これまでの大学における「アウトリーチ」とは、大学教員が社会にでて「専門知」をレクチャーすることになりがちでした。そのような実践の必要性を認識しつつも、未来共創センターでは大学の内外で「専門知」を交流させる場づくりをおこなっています。さらには企業へのインターンシップ活動も、関係者がそれぞれ学びを得ることができるような仕組みづくりをすすめています。

こうした外部とのつながりだけでなく、学内での交流にも取り組んでいます。「専門」と「専門」の壁をこえるような「場」づくりや、孤立しがちな留学生との交流が私たちのテーマです。いずれも、課題を抱えながらの取り組みですが、「共創」には課題がつきもの。その課題をみなで対話する「場」こそが求められていると私たちは考えています。

アウトリーチ活動の模索

未来共創センターの取り組みの一つに、大学内の知を外にもちだす「まなびのカフェ」があります。一般的にアウトリーチ活動と呼ばれるものですが、その形態は「専門家が非専門家に専門知を提供する」というものになりがちです。そうした専門知の共有も私たちに期待されているところです。ですが、ただ一方通行にならないためにどのような工夫ができるのかを、私たちは模索しています。ここでは地域で創り出す「場」と、世界に飛び出して創り出す「場」についてご紹介します。

講座型	双方向交流型	刊行物
人間科学セミナー 出張授業	まなびのカフェ（地域との連携） ランチトーク（学内での連携） JICA との連携（海外での連携）	ジャーナル『未来共創』 シリーズ人間科学
大学内で、または大学の外で、人間科学の教員が研究成果を発信するセミナーや講義を実施。中学校や高校への出前授業にも取り組む。	参加者とともに語りあう、交流型の学びの場。その対象は地域での連携、海外との連携、国内での連携とさまざま。	研究や活動報告をまとめたオンラインジャーナルの発刊。また、研究内容を一般にも分かりやすく発信する本としてシリーズ人間科学を、「食べる」「助ける」「感じる」などのテーマで刊行。

表6　未来共創センターのアウトリーチの取り組み

大学におけるアウトリーチ活動

アウトリーチ活動とは、研究成果を広く一般に公開し対話等を行う、研究者と市民の交流活動です。今日では、「アウトリーチ」は、研究者にはよく知られる言葉となっていますが、この言葉がでてくる以前にも研究機関・大学は社会貢献、地域連携という旗印のもと、市民への研究内容の発信をしてきました。日本では二〇〇〇年から大学博物館を設置する大学が増え、大学博物館は外に開かれた学びの場として、その発信の一端を担ってきた歴史があります。さらに近年では、学術成果の発信に加えて、一方的な発信だけでなく、交流型、対話型の取り組みにも重点がおかれるようになっています。「サイエンスカフェ」という言葉を聞いたことがある方も多いかもしれません。日本では二〇〇四年に、京都のＮＰＯ法人が初めて科学カフェを開始したことを皮切りに、以降、大学だけでなく多様な団体や個人が，サイエンスカフェ事業に参入し、盛り上がりをみせました。本学のサイエンスカフェの説明では「研究者が、大学・研究所から市民の生活の場に出ていき、研究者が提供した自然科学・社会科学の話題について、市民と気軽に語り合うもの」とされています。未来共創センターでは、人間科学研究科の教員や学生らの研究をいかに発信するか、その方法や、双方向のアウトリーチのあり方を模索してきました（表6）。

大学からもちだす？　来てもらう？――まなびのカフェの実践

未来共創センターの実施してきた「まなびのカフェ」は、今も試行錯誤を続けている真っただ中にいますが、「共生」の観点から、多文化共生、国際交流をテーマとして実施した事例を紹介したいと思います。

二〇一九年一〇月一四日、未来共創センターと公益財団法人箕面市国際交流協会（ＭＡＦＧＡ）の共催で、「まなびのカフェ：食べる・学ぶ　世界の保存食～保存の工夫から非常時の活用まで」を実施しました。企画当初、このイベントの目的は「箕面市に住む外国人市民の方々と大学（教員、学生）との交流」を主としていました。しかし、どうすればより双方が学びあえる場となるかという点について、ＭＡＦＧＡの担当者とともに打ち合わせを重ねました。意見を出し合っていくなかで、地域の方の心配事である「防災」を中心テーマにすること、そして世界の保存食を紹介するというわくわくするテーマを前面におくということが決まりました。さらに、このイベントの目玉は、外国人市民の方にも講師をお願いしたことです。ＭＡＦＧＡのある箕面市国際交流センターの一階には、さまざまな国の料理を楽しむことのできるcomm cafe（コムカフェ）というカフェが併設されています。そこにお手伝いに来られている地域住民であるイ・ヒョンスクさん（韓国出身）、中川ナパラウィーさん（タイ出身）に、保存食の紹介をお願いし、当日に試食・試飲してもらうための保存食の準備も行いました。

イベント当日、comm cafeには、合計三〇名ほどの参加者が集まりました。本学からは、学部生三人、大学院生二人と、私を含めたセンターの教員三名が参加し、学生参加者のうち二名は、台湾とタジキスタンからの留学生でした。イベントの第一部では、私がまず食の保存と栄養についてのミニレクチャーを行い、チベットの長期保存できる主食ツァンパ（ハダカムギの粉）を紹介しました。次に、韓国出身のイ・ヒョンスクさんによるミッスカル（韓国で定番の雑穀粉のドリンク）をはじめとした保存食の紹介してもらい、チベットのツァンパと似ている点や違うところなどの特徴を教えていただきました。面白いことに、ミッスカルは美容という側面から若い人にも人気だそうです。韓国の街中からミッスカルのドリンク屋さんでインタビューした動画も流れ、リアルな異文化を感じることができました。

第二部のワークショップでは、多様な保存食の非常食としての活用について、グループに分かれて皆で考えました。まずは、身近な保存食を思いつく限りポストイットに書いていきました。多様な世代、文化の間で思い出される食は多様であり、「梅干」「漬物」といった塩蔵食品や、「甘納豆」「干イモ」などのおやつ感覚で食べられるのもの、さらに「カップラーメン」や「レトルト食品」などの加工品など、それぞれの出身地や年代を反映してさまざまな保存食が挙げられました。次に、非常時にはどのような食品が欲しいか、非常食へのニーズを出し合い、「すぐ食べられる」「匂いが少ない」「ゴミが出ない」など、さまざまな意見が聞かれました。そのニーズにあわせて、さきほど書いた保存食の特徴と照らしあわせ、当てはまればその場所にて貼っていくという方法でまとめ、最後に、グループごとに出来上がった大きな「保存食マップ」を全体で共有してもらいました。

二〇一九年一一月二八日、ふたたびＭＡＦＧＡとの共催で、「まなびのカフェ×comm cafe 多文化社会と防災」を実施しました。このイベントでは前回とは逆に、comm cafe が大学に来る！というのが最大の特徴でした。人間科学研究科の本館一階にある「インターナショナルカフェ」で、外国人市民の方に来てもらい、料理や飲み物を準備していただきました。学生たちは、いつも自分たちが居慣れた場所に、外からカフェがやってくるというイベントに興味津々の様子でした。異文化を感じるお茶やお菓子とともに、アットホームな雰囲気ができあがったところで、箕面市国際交流協会の活動の様子や、大阪北部地震の発生直後に実施された外国人向けの支援活動などが紹介されました。その後のパネルディスカッションでは、皆で大阪北部地震での経験を共有し、防災イベントのチラシなどが外国人の手に届くかどうかといった、実際の対応における課題についての議論に発展していきました。

大学というある種の「閉じた世界」に、地域で活躍されている団体が「外から」入ってきてくれることは、学生や教員たちにとって大きな印象を残す機会となりました。また同時に、MAFGAの方々や外国人市民の方にとっても、大学の中に入ってきて学生や教員らと交流ができたことで、大学を身近に、気軽な場所として感じていただけたように思います。このような、人や組織にとっての通常の「役割」や「カテゴリ」を超える仕組みが、共に学ぶ場づくりとしての第一歩であると感じるイベントでした。

（木村　友美）

世界に知をもちだす——JICAとの連携

次にご紹介するのはJICA（国際協力機構）と連携し、世界を舞台に共創の場を作ろうとする取り組みです。JICAは、開発途上国の発展を支援するODA（政府開発援助）の実施機関です。事業のひとつに

ＪＩＣＡボランティアがあり、二〇一九年九月現在、六九ヶ国に一七三二名が派遣されています。未来共創センターは、二〇一九年にＪＩＣＡと連携協定を締結し、三年間で計一二名の学生・院生をボランティアとしてタンザニアのダルエスサラームに派遣することになりました。二〇一九年夏には、四名が五つの小・中学校と孤児院で活動してきました。

二〇一九年の活動は、七月下旬から九月頭に行われました。四名の学生たちは、小学校・中学校・孤児院を巡回し、授業や休み時間、放課後などに公衆衛生教育を行いました。先に現地入りしていた大学院生がニーズ調査を行い、手洗い指導、運動指導、歯磨き指導を重点的に行うことになりました。タンザニアの子どもたちは、学ぶ意欲に溢れており、学生たちも期待に応えて楽しく身になる授業を工夫しました。ときには深夜まで教材作りに勤しみ、歌や手遊び、イラストやレクリエーションなど、四人それぞれが特技を活かす形で内容を充実させていきました。

二〇一九年に派遣された四人は、三回生、四回生、博士前期課程一回生、二回生と学年が違う男性二人、女性二人でした。応募前はお互いに知らなかった四人が一ヶ月間の共同生活を送ります。タンザニアの習慣や食事、言語に慣れることも必要ですが、はじめての共同生活への不安もあったといいます。個室があるとはいえ、活動も食事も買い物も常に誰かと一緒ということになりましたが、四人は一ヶ月の間、ストレスをためることなく協力して楽しく過ごせたようでした。

活動は四一回行い、対象者は延べ二六五三名に上りました。タンザニアでは手を使って主食のウガリを食べるため、手洗い習慣自体は身についている生徒が多かったようです。しかし、石鹸を使った正しい洗い方に関する知識がないため、中学校ではある実験をしました。「素手」「汚れた手」「水で洗った手」「石鹸を使って正しく洗った手」をそれぞれパンに押し付け、しばらく放置します。数日後、置いていたパンに出来たカビの違いは一目瞭然で、子どもたちに正しい手洗いの重要性を印象づけることに成功しました。

ある学校の先生が育ったという孤児院にも訪問しました。下は二歳から大人までが共同生活を送っており、いつも学生たちの来訪を楽しみに待ってくれていました。子どもたちは、どこかからの援助で一人一本歯ブラシを持っていましたが、正しい使い方はわかっていませんでした。そこで、画用紙を使ってカバの口を作り、実際に歯ブラシを当てながら歌に合わせて磨き方の指導をしました。

二〇一九年の活動は、第一回目ということで皆が手探りの状態で進んでいきましたが、タンザニアからの評価が高く、続く活動に期待が持たれています。偶然にも活動の中心に手洗い指導があったことが、新型コロナウイルス感染症の流行を予想していたかのようで、活動の成果がより評価されることにもつながりました。


（岡田　千あき）

「ちいさな共創知」が生まれる「場」

大学によるアウトリーチ活動として、「まなびのカフェ」「ＪＩＣＡとの連携」の取り組みを紹介しました。まなびのカフェは、文字通りお茶を飲みながら、気楽なコミュニケーションをとること、また、現場のニーズを聞き取ることや共に学びあうことを理想としてきました。ＪＩＣＡとの連携では、海外の現場に出向いて語り合い、ニーズを探って実践する「場」を創りだそうと模索しています。

未来共創センターは、今回紹介した事例のほかにも、多様な団体（NPO、民間企業、市町村、公益法人など）とともに「場づくり」を行っています。そこでは、学生、教員、市民が交流したり、共に学んだりすることで「ちいさな共創知」がうまれています。

多様なアクターが関わりあって創られる「場」は、新たな共創知を生み出し、共生社会に貢献する可能性を秘めているのではないでしょうか。

（木村　友美）

学内に語り合う場をつくる

第二部の冒頭では研究の「細分化」という言葉を紹介しました。こうした細分化は、専門性を高めるために必要なことともいえます。他方で、相互の交流がなくなってしまうこともあります。人間科学研究科に在籍する教員、院生、学生らが自由闊達に議論できる場を気軽に提供するために、ランチやディナーの時間を対話の場にすることにしました。

人間科学研究科には、さまざまな分野で学ぶ学生たちがいます。大学での学びが、授業や自身の研究だけでないのは言うまでもありませんが、多様な分野の学生たちが共に議論を交わすためには、その機会を提供する「場」をつくることがやはり重要になってきます。そのような「場」を提供されなくても、自発的に学びあって議論を深めている学生たちもいます。それでもやはり、同じ研究室の学生同士や、分野の似た学生たちが集うことがほとんどで、メンバーも固定化しがちです。そして、そのメンバーが卒業したり忙しくなったりという都合によって、継続的な運営も課題になります。

未来共創センターでは「ランチトーク」を開催する母体となることで、継続的な語りの「場」をつくることを目指しています。主役はあくまで学生たちです。「ランチ」としている理由は、学生たちが各分野の授業などで参加しづらくならないように、お昼休み時間を用いることで気軽に参加してもらえる環境を作るためです。また、飲み物や軽食を準備して、昼休み中にも立ち寄りやすいように配慮しました。テーマや内容を決めるのは学生たちです。また、じっくりディスカッションをするようなテーマについては、「ナイトトーク」として夕方から開始する企画も取り入れました。ナイトトークでは教員たちも多く参加し、熱い議論が交わされました（表7）。

日付	タイトル	テーマ	話題提供者	話題提供者の所属分野（本研究科の大学院生）
2019/7/25	復活ランチトーク	地域、文化、写真、労働者、 貧困、格差、ランチトーク	桂悠介 吉成哲平 サショ・ドリンシェク 安藤歴	共生社会論 D1 環境行動学 M1 比較文明学 D1 共生の人間学 D1
2019/11/19	「見た目問題」無関心と抵抗、そして連帯	ジェンダー、表現	古怒田望人	哲学と質的研究 D2
2019/12/20	表現@大学	表現の自由	仲田幸司 桂悠介 安藤歴 参加者みんな 栗本英世 牟田和恵	共生社会論 D3 共生社会論 D1 共生の人間学 D1 教員 教員
2020/1/27	実践と研究	社会人院生、実践、現場	ごうじりつこ 寺村晃	哲学と質的研究 D3 地域創生論 M2
2020/2/14	大学の教育	大学教育、学際	井上瞳 ラフマトゥロエワ・サビーナ・ボヌ 柳田和哉 参加者みんな 三浦麻子 モハーチ・ゲルゲイ	哲学と質的研究 D1 地域創生論 M2 共生の人間学 M1 教員 教員

表７　2019 年度のランチトークとナイトトーク（所属・学年は当時）

具体例として、二〇一九年最初のランチトークの内容を紹介します。この回は、久々の実施であったため、通常の倍の二テーマで二時間の開催となりました。一つ目のテーマは環境行動学分野の博士前期課程一年（当時）の吉成哲平さんの「アラスカが教えてくれたこと—写真家　星野道夫との出会いに始まって」でした。吉成さんは中学生の時に英語の教科書で星野道夫を知ります。そして彼を追いかけるように写真を撮り始め、アラスカ留学に旅立ちました。そこで出会った自然や文化を、吉成さんは撮影した風景写真を見せながら語ってくれました。

二つ目のテーマは、比較文明学分野博士後期課程一年（当時）のサショ・ドリンシェクさんと共生の人間学分野博士後期課程一年（当時）の安藤歴さんによる「寄せ場のインターナショナル」でした。日雇い労働者の街であった大阪の釜ヶ崎はグローバル化と高齢化の中で大きく変わりつつあります。サショさんと安藤さんは高齢化が急速に進む釜ヶ崎の現状や二〇一九年三月のあいりん総合センター閉鎖問題等を説明し、課題を論じました。人間科学研究科には釜ヶ崎に幾度も足を運び、地域の抱える課題に向き合ってきた人が何人もいます。参加者はそれぞれが釜ヶ崎で見てきた課題について語ります。

人間科学研究科は設立以来「学際性」を標榜としてきましたが、教職員、学生ともに多忙のため、自分の専門の研究だけで手一杯になってしまいがちです。ランチトーク・ナイトトークは開放的な空間で昼休みや金曜日の夜などの比較的空いている時間に、ディスカッションを通じて異なる背景を持つ人々の出会いの場を形成することを目標としてきました。

ランチトークとナイトトークを開催して最初にわかることは「共創」が茨の道だということです。対話とは言葉の力でもって自分が変わることであり、相手を変えることでもあります。しかし人間は簡単には変われないし、人間を簡単には変えられない。私の話はなかなかあなたに伝わらないし、あなたの話を私は上手く受け止めきれないのです。対話の中で一定の相互理解にたどり着くこともありますが、対話がほとんどかみ合わず、ゴツゴツとした時間がずっと続くこともあるのです。

しかしランチトークとナイトトークが終わった後、何日も何週間も時間をかけて、対話で負った傷から新しいものが生じてくるのです。あの時抱えきれなかった沈殿が、心に染みるようになってきます。あなたが伝えたかったのはこれなのですね、と腑に落ちたとき、一人で考えているうちは見えなかった次の行動が見えてきます。ランチトークとナイトトークの一～二時間だけが大事なのではなく、そこで負った傷と向き合いじっくりと変わっていくことによってランチトークとナイトトークは初めて成功となるのです。これは私

ランチトークの様子

とあなたが変わるための「きっかけ」です。その先のための傷を負うこと、それがランチトークとナイトトークの意義であると言えるでしょう。

専門性の深化に伴う研究の細分化は、一方で研究室間の垣根を高くしています。ランチトーク・ナイトトークは開放的な空間でのディスカッションを通じ、これまで議論を交わすことのなかった人々が出会い、自分自身と向きあうきっかけをつくる、そのような「場」を目指しています。そして、出会いを通じた新たな可能性の創造を期待しています。

（織田　和明・木村　友美）

G30は「出島」でいいの？

ここまで大学の外における「場」をどのように創出するかについて紹介してきました。しかし私たちが取り組まなくてはならないことは、大学内にもあたらしい「場」をつくることです。ここでご紹介するのは、G30プログラムとの交流についてです。G30プログラムは、人間科学研究科において、英語のみで学べるプログラムとして、多くの留学生にとっての学び場となっています。ですが、残念ながら課題は山積しています。私たちは「うまくいった例」としてG30プログラムをここで紹介するのではなく、今現在、取り組んでいる課題としてご紹介したいと思います。それがグローバル化する大学における今日的課題であると思われるからです。

G30とは何か

大阪大学における学部英語プログラム、いわゆるG30人間科学コースは二〇一一年秋学期からスタートし、二〇一九年に九期生を迎えました。

G30人間科学コースは、二〇〇八年に政府が打ち出した「留学生三〇万人計画」を契機として、その後、文部科学省が二〇〇九年度に開始したプロジェクト「国際化拠点整備事業」（のちに「大学の国際化のためのネットワーク形成推進事業」に変更、二〇一四年度をもって終了）に採択されたことによりスタートしました。その後、二〇一五年度からは文部科学省のさらに包括的な大学全体としての国際化を推進する「スーパーグローバル大学創成支援事業」がはじまり、G30に採択された以外の大学でもグローバル化の一環として英語で学位取得可能なプログラムが推進されてきています。

二〇〇八年に策定された文部科学省の「留学生三〇万人計画骨子」には、その趣旨として「優秀な留学生を戦略的に獲得していく」方針が明確に示され、その方策の一つとして英語のみによる学位取得が可能なコースの設立が求められました。二〇〇九年に出された「国際化拠点整備事業公募要領」には、冒頭の「事業の背景・目的」において、「急速なグローバル化や世界の有力大学間の競争が激化する中、我が国の大学においては、優れた留学生の獲得や戦略的な国際連携により、大学の国際競争力の強化、留学生等に魅力的な水準の教育等を提供するとともに、留学生と切磋琢磨する環境の中で国際的に活躍できる高度な人材を養成することが急務です」と書かれています。

こうした目的に対して、G30人間科学コースとはどのようなものであったのでしょうか。

人間科学コースの定員は七名で、毎年、一〇名前後の学生が入学してきます。授業はすべて英語で行われますが、一般コースの教員が担当する授業は少なく、外国人を中心としたG30の専任教員と非常勤講師に依存するところが大きくなっています。人間科学部は文理融合型の研究分野の多様性を学部の特徴の一つとしてあげていますが、残念ながらG30の学生は、その恩恵を受けているとは言い難いでしょう。希望すれば、一般コースの授業を受講することはできますが、日本語での授業を十分に理解できる学生は限られています。人間科学コースでは、当初から日本国籍をもつ学生（海外の高校や日本人学校の出身者、国内のインターナショナルスクールや国際バカロレア認定校出身者など）にも受験資格があり、毎年、一定数（三〇～五〇パーセント、二重国籍者を含む）を占めていますが、それ以外の学生は日本語が堪能ではありません。結果としてG30に提供されている科目のみを履修して卒業することになってしまいます。

G30の授業風景

また、G30の専任教員は、任期付きの特任教員となっており、一般コースの日本人教員との交流は、もともと個人的な交流があったなどの場合を除いて、ほとんどありません。実際にG30のプログラムの管理運営を担っているのは、一般コースに所属する日本語が堪能な外国人教員です。その結果、G30は人間科学研究科の「出島」のようになってしまっています。

G30学生と日本人学生

　Ｇ30の目的として「留学生と切磋琢磨する環境の中で国際的に活躍できる高度な人材を養成すること」があげられています。言い換えれば、Ｇ30プロジェクトの意義として、グローバル人材としての日本人学生の育成も求められているわけです。しかし、「出島」でその役目を果たせるのでしょうか。

万博公園での交流会（モナシュ大学生と）

　実際に、Ｇ30が設置されて八年がたった現在でも、大阪大学人間科学部の一般学生はＧ30コースについての関心が薄く、その多くはＧ30の存在さえ認識していません。これでは、Ｇ30学生と一般の日本人学生が交流を深め、切磋琢磨するという状況にはほど遠いといわざるを得ません。もちろん、中には交流を持った学生もいたようですが、例外的な存在でしかありません。

　人間科学部の一般コースの日本人学生がグローバルな視野をまったく持っていないというわけではありません。むしろ、文系学部の学生としては、外国語学部ほどではないとしても、積極的であると思います。例年、国際交流室への留学相談の件数は一〇〇件近くあり、実際に留学する学生も短期の語学研修なども含めると八〇名にのぼります。それなのに、なぜ身近なグローバル化の接点であるＧ30との交流が進まないのでしょうか。いろいろな要因があるのでしょうが、最も大きなものは情報が与えられていないことだと思います。仮に日本人学生がG30の授業を取りたいと思っても、まず時間割を知ることさえかなり困難です。また、一般的に入学当初の方がいろいろなことに意欲的に取り組みたいと考えるでしょうが、共通教育（一年～二年前半）におけるG30の授業は、一般学生が受講しても卒業要件の単位にはならないのです。これでは、日本人学生の意欲をそいでしまうでしょうし、G30学生との交流の機会も限られてしまいます。二年後半からの専門教育では、単位となる授業もありますが、あまり日本人学生には周知されておらず、むしろ、他学部の学生の受講の方が多いかもしれません。二年後半に研究分野への配属が決まってしまうと、英語の障壁があるというだけではなく、G30の授業内容が専門と関係ないものが多くなるということもあるのでしょう。

「場」として、なすべきこと

大学にグローバル人材の養成が求められている中で、人間科学部はG30といううってつけのシステムを持っています。それをいろいろな面で有効活用するのは当然のことです。

それでは、G30はどのような「場」であるべきなのでしょうか。そして、そのためにはどのようにシステムや環境の変容が必要なのでしょうか。

まずは何より必要なのは、人間科学部の一般コースの学生や教職員の意識改革であると考えます。G30を特別な存在とするのではなく、同じ人間科学部の一員として捉えることが第一歩です。そして、人間科学部の一般コースとG30の教員や学生がそれぞれの関係を深めていくことが必要です。

日本人学生をG30の授業へ参加するように背中を押すことも重要です。G30への日本人学生の参加は、日本人学生にとってはGPAが下がる、G30学生にとっては授業のスピードが鈍ることに不満が出るといったデメリットをあげる人もいます。しかし、お互いにとって、それらを上回るメリットがあると考えています。真摯な態度で日本人学生が授業に臨めば、G30学生も認めてくれるでしょう。海外に留学した日本人学生でもなかなか授業について行くのは難しいのと同じです。それこそ、日本で海外留学の予行演習ができるわけであり、G30学生にとっても日本人の考え方を知るいい機会となるからです。

（中野　良彦）

人間科学部での学生交流パーティー

大学と社会をつなぐインターンシップ

未来共創センターのユニットのひとつに学生支援室があります。学生支援室では、「キャリア形成」の面から学生と社会の橋渡しに取り組んでいます。学生の就職活動を支援することは、どこの大学でも行われていることですが、人間科学研究科の学生支援室の特徴は、企業にとっても学生にとっても大学にとっても就職活動を通じてなんらかの学びがあることです。ここでは、インターンシップ活動を取り上げ、学生支援室の活動を紹介します。

大学は社会に開かれたものになっていないと、しばしば指摘されることがあります。例えば、「内向けの講義や学術的な議論のみが中心で、社会のリアリティに乏しい」「現場との協働に欠けている」といった声です。他方で、大学の講義がいかに社会とつながっているかを知りたいという学生のニーズも高まっているようです。

ここでは大学と社会をつなぐ取り組みとして、人間科学部（研究科）で行っているインターンシップ実習を紹介したいと思います。人間科学部では、学生支援室が主体となってインターンシップ実習という授業を設けており、インターンシップの実習経験を教育課程として単位認定し、学生に多様な学びの機会を提供しています。

学生面談の様子

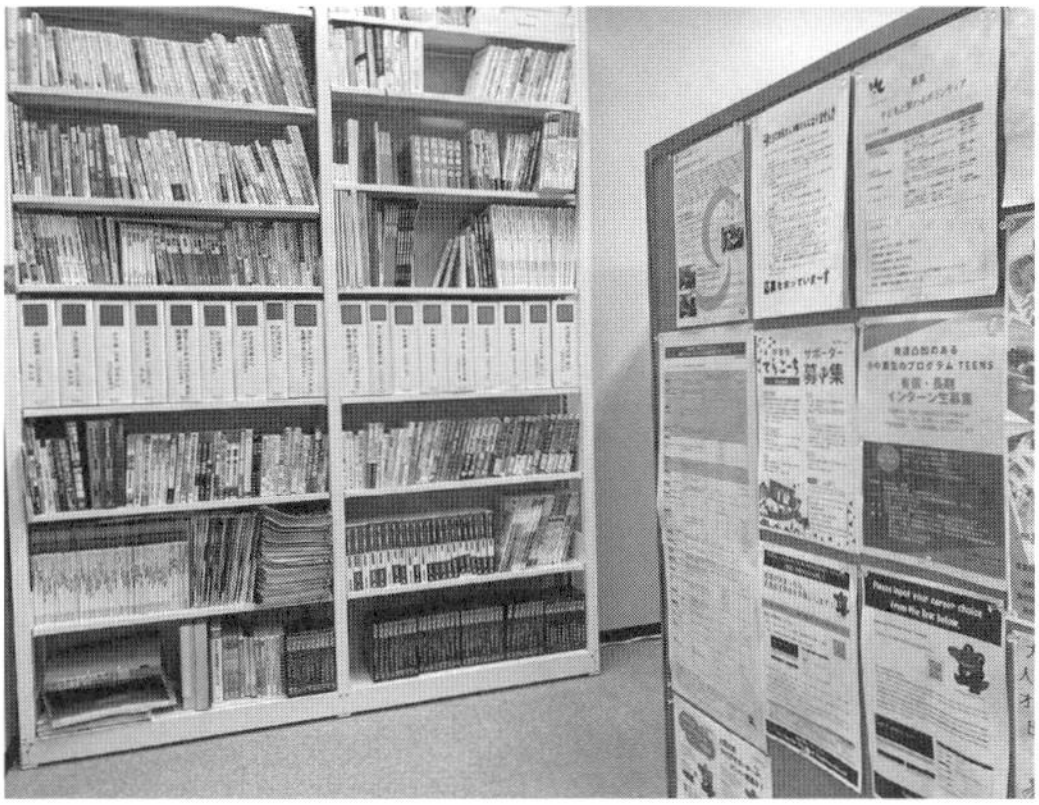

学生支援室ではインターンシップに関連する情報を各種提供している

一般的にインターンシップとは、学生が企業・団体等において実習・研修的な就業体験をする制度で、日本でもこの言葉が定着しています。通常は学生の

大阪府立修徳学院（児童自立支援施設）	應典院　寺町倶楽部（浄土宗　應典院）
一般社団法人　富田林市人権協議会	医療法人社団 俊葉会（デイサービスセンター なごみの郷）
NPO 法人 日本災害救援ボランティアネットワーク	NPO 法人　暮らしづくりネットワーク
北芝公益財団法人　とよなか国際交流協会	大阪市教育文化振興財団　キッズプラザ大阪
社会福祉法人　大阪府社会福祉事業団	社会福祉法人　大阪ボランティア協会
株式会社パソナグループ	株式会社ジオリゾーム
株式会社あかがね	トラスコ中山株式会社

表８　人間科学部におけるインターンシップの協定先団体・企業（2019 年度）

就職活動の一環で特定の企業で就業体験をして、自分の職業選択の参考にする場合が多くみられます。ただ現在では採用とは直接関連のない多様なインターンシップも展開されており、学生にとっては仕事の仕方や業種、自分の特性を知るための重要な機会となっています。

インターンシップのこうしたキャリア教育としての側面に着目し、文部科学省では大学教育の中でインターンシップを教育課程の単位として位置づけることを推奨しており（文部科学省『インターンシップの推進に当たっての基本的な考え方』）、人間科学部でも授業として開講しています。二〇一九年度は、一七名の学生が履修し、実習に参加しました。

授業の主な流れとしては、まず実習前に講義を行い、インターンシップの概要やキャリア教育としての意義、インターンシップの目標や実習先の選定方法など、実習の教育的効果が高まるよう事前の学習を行います。学生はその期間を通じて、自身の関心をブラッシュアップしながら、実習先を吟味し、その後、受入先へのエントリーやマッチングを行って、実習先を選定します。実習期間中は実習先の活動に参加しながら、自身の体験や学んだことの記録をとります。終了後は、履修者を集めて実習報告会を行い、他の学生の実習体験を聞きながら、自分の活動を振り返り、最終的に自身の活動内容を実習報告書にまとめます。これが一連の授業の流れです。

人間科学部のインターンシップの特徴としてあげられるのが、インターンシップ協定を結んでいる実習先＝「人科枠」です。協定先の団体・企業は、人間科学部の教育内容に賛同し、本学の学生を受け入れてくれています。二〇一九年度時の協定先は表8の一六団体・企業で、多くはこれまでに人間科学部と縁のあった団体・企業です。一般企業は少ないものの、社会・福祉・教育に関わる団体が多いのが特徴です。

近年、一般企業におけるインターンシップは倍率が高く、希望する企業に参加できないケースがよくみられます。また一般企業と比べてNPOなどでのインターンシップは限られます。人科枠があることで、こうした課題を回避し、学生へ安定的に実習先を提供することが可能となっています。もちろん、一般企業へのインターンシップを選び、自主的に実習先を確保する学生もおり、必要条件さえ満たせば、一般企業のインターンシップにも単位認定をしています。ですが、この授業を履修する学生は、人科枠でのインターンシップに関心がある場合が多いようです。

インターンシップ先は企業だけでなく市民団体なども含まれる

筆者は学生と人科枠の実習先のマッチングを担当していますが、インターンシップを通じて普段は接点の少ない大学と団体が連携することは、互いに「相乗効果」をもたらしていると感じています。

大学側からすると、人間科学部では社会・福祉・教育に関わる臨床的な学問を学んでいる学生が多く、そうした学生たちは、自分が学んでいることが社会の中でいかに実践されているのか、自身のキャリアにつながる仕事はどのようなものか、高い関心を抱いています。

一方、受入先の団体側からみれば、「自分たちの仕事や取り組みを広く社会に知ってほしい」「関心のある学生は直にその実践に触れて、キャリアの選択肢の一つとして考えてほしい」といったニーズがあります。さらに、「留学生やグローバル志向が高い学生に取り組みに参加してほしい」という「即戦力」を求める声もあります。理由はさまざまですが、団体の方でも、普段は接点の限られる人科生との関わりを求めてくれています。

実際に学生と団体のニーズがマッチした場合は、双方にとってもインターシップが有意義な時間となっています。例えば、地域のまちづくりを勉強している学生のケースでは、実際にまちづくりを実践している団体で実習を行い、そこで働く人たちの実情や取り組みを知ることで、普段の学習が現場とリンクして一段と学びが深まったと言います。受入先の団体からは、若い学生の動きが活動を活気づけてくれて、さらに若い世代に取り組みを周知する良い機会になったと話してくれました。あるいは、福祉系の職業に関心のある学生の場合、福祉の実践を行っている団体でインターンシップを行い、自身のキャリアを考える上で貴重な体験となったと言います。団体からは、自分たちの業界に関心をもつ有望な人材の育成に関わることができて嬉しいと語ってくれました。

このように、大学と社会の連携を通じて、流行りの言葉で言えば「Win–Win」の関係を築くことができるのがインターンシップの強みだと思います。大学が有している教育的な「資源」は限られており、現場でないと学べないことがあります。他方で、学生のフレッシュな視点や積極的な働きが実習先に大いに貢献することもあります。お互いのニーズがうまくかみあったときに、両者に普段は得られないメリットをもたらしてくれています。

もちろん、マッチングが上手くいかなかったり、さまざまな理由で実習が途中で終わってしまう場合もあります。両者の間にたち、良好な関係になるよう調整するのが教員（学生支援室）の役割であり、現在のところ学生たちの満足度は概ね良好のようです。それだけ貴重な経験をしてきているのだと思います。これからも大学と社会をつなぐ「接点」となっているインターンシップを通じて、学生に自身のキャリアを考える多様な機会を提供していきたいと考えています。

（中村　瑛仁）

留学生と日本人学生をつなぐ国際交流室

さきほど取り上げた学生支援室と同じく国際交流室もまた、未来共創センターのユニットのひとつです。人間科学研究科にはさまざまな国から留学生がやってきます。また、人間科学研究科から海外へ留学しようとする学生もいます。両者との結節点が国際交流室です。留学生の受け入れとは「ただ来て、勉強してもらう」だけでは不十分です。留学生を孤立させないような手立てはもちろん、学内の日本人学生との交流は自然に出来上がるわけではありません。留学生と日本人学生の交流の文化をつくるためには、さまざまな仕掛けが必要なのです。

人間科学研究科国際交流室の役割

人間科学研究科国際交流室は、人間科学研究科における国際交流を促進するための役割を担う場所として二〇〇三年に設置されました。現在では、室長、副室長、事務補佐員の三名が中心となり、海外の大学や研究機関との協定締結に携わるなど、人間科学研究科における学術的な国際交流を深めるための活動を行っています。また、国際交流室は留学生の日本での生活サポートを行ったり、日本から海外の大学へ留学を希望する学生さんの相談場所になったりもしています。

部局間協定校の先生方との会食

筆者は、四年前に国際交流室の副室長に就任しました。大阪大学に来る前は、アメリカのジョージア州立大学で留学生として学位を取得し、外国人教員として大学の教育現場での経験を積み重ねてきました。そのため、留学生が直面する困難や異文化共生を実現するための課題を自身で体験し、また大学運営側の立場からアメリカにおける国際交流の現状を観察する機会を得たりもしてきました。ここでは、筆者が日米の共通点として存在する「異なる文化的背景をもつ友達を作ることの難しさ」と多文化共生についてお話しします。

毎年恒例の新入生 welcome party

日本人学生と友達になりたい留学生

人間科学研究科には、短期留学と長期留学合わせて毎年約二〇〇名の留学生が在籍しています。留学生の出身国はさまざまで、二〇一九年度は三八の異なる国から留学生を受け入れました。人間科学研究科の留学生の多くは、学位取得を目標に大阪大学で勉強する中国からの学生です。彼ら、彼女らの多くは、母国や日本語学校で日本語を学んでから大阪大学に来ていることもあり、日常生活における日本語能力はとても高く、さらに学術や就労の場で日本語を使いこなせるようになりたいという向上心にあふれた学生が多いという特徴があります。そのために、日本人学生と心を許して議論を交わし親友関係を築きたいと希望しているのですが、日本人学生と話す機会はあっても、友人としての距離の縮めるのは難しいと感じるのが現状のようです。

留学生と友達になりたい日本人学生

筆者は、毎年四月に行われる新入生ガイダンスで、人間科学研究科における国際交流に関するイベントや留学の紹介をしています。そのため、五月は留学相談件数が年間で最も多い月になります。日本で教育を受けた学生にとっての第二外国語は英語であることがほとんどで、留学相談に来る多くの学生は英語圏の大学への交換留学を希望します。そのような背景もあり、日本人学生が真っ先にイメージする日本にいる留学生像は、英語が母語の学生です。そのため、国際交流＝英語圏からの留学生との交流を想像してイベントに参加する傾向があり、日本語を流暢に話すことができる留学生に戸惑ってしまうこともあるようです。しかも、日本語が話せるからあえて自分が友達にならなくても大丈夫だろうと思ってしまうこともあるようです。

共生の場における友達作りとは

多文化交流のチャンスがたくさんあるにも関わらず、このような状況から留学生にとっても、日本人学生にとっても、友達作りは「大きな課題」を越えて、「あきらめてしまうほど大きな課題」になってしまうようです。さらに、「日本人と友達になるのは大変すぎる」とか「日本にいる留学生は友達がいらないのでは」という残念な解釈が結末になってしまうこともあるのですが、どこの国に居ても、同じ場所や時間を共有するだけでは異なる言葉や文化の理解を深めることは困難です。そして、その妨げになっているものに社会的に作られた「イメージ」（例：日本人の性格、留学生の背景）が挙げられます。「イメージ」は現実とは違います。確かに、日本人にありがちな性格「傾向」はあるかもしれません。しかし、「傾向」にはバリエーションがあるという意味が含まれます。そして、「イメージ」を信じすぎると、さまざまな背景の日本人学生や留学生がいるという事実が無視されてしまうという怖さがあります。

イメージを越える多文化共生グループ「FUN from Jinka!」

FUN from Jinka!（人科の国際交流サークル）

人間科学研究科には、学生が運営する「FUN from Jinka!」という多文化交流を目的にしたグループがあります。週末にイベントを企画したり、毎週水曜日に気軽なランチ会を開いたりしながら友達の輪を広げているようです。あくまでも学生主体のグループなので、筆者は「FUN from Jinka!」をこっそり応援しながら、活動を観察してきました。多くの場合（筆者のアメリカでの経験も含めて）グループには主となる文化があります。例えば、留学生グループでは、日本で留学生が共有する文化や感情が核にグループが作られます。日本人学生が国際交流グループを運営する場合、日本文化がベースになる傾向が強くなります。そこで課題となるのは、そのふたつのグループの融合です。これは大変難しい課題で、だから「共生」という学問分野もできているのです。しかし、先日少しだけ参加させてもらった「FUN from Jinka!」は、複数の学生が共同でリーダー役を担い、さまざまな言語で会話をしながら、多国籍のお弁当を持参して話すという素敵なグループダイナミックスを作り上げていました。「Fun from Jinka!」を通じて筆者は、異なる文化を融合して、「新しい文化」を作ることが多文化共生には大切なのだろうということを学びました。

（安元　佐織）

テーマ2

大学だけではない共創の場

ここで紹介する八つの取り組みのうち、前半の三つは「防災」「減災」「復興」がテーマとなっています。

「地域資源と科学技術による減災」では、大学と企業の連携による技術開発だけでなく、これと同時に地域団体と連携しながら、当地のニーズに即した減災を目指そうというものです。ニーズの多様性では海外の団体と「震災学習プログラム」の開発に取り組んでいます。文化の違いを「いいとこ取り」していくことで新しい「知」を探り出そうとしています。

「知」をどのように活用するかについては、東日本大震災以降関係を続けてきた野田村において、役場の皆さんと膝を突き合わせて議論をしています。

後半五つのテーマは「まちづくり」です。

大阪大学では二〇二〇年に「グローバルビレッジ津雲台」を開設しました。ここは学生・職員寮、留学生寮、高齢者住宅、賃貸住宅、シェアハウスが同じ敷地内に軒を並べます。私たちはグローバルビレッジ設置前から、そのスローガンや他業種の共創について議論を行ってきました。

地域づくりについては、東日本大震災での学びを「大学」に持ち込むための取り組みや、大阪北部地震以降の地域連携、大阪市内での教育実践があります。両者の「知識」や「実践」をもちよるなかで、取り組むべき課題を見つけ出し、そのための「場」を創ることを目指しています。

地域資源と科学技術による減災

――NTN株式会社・一般社団法人全国自治会活動支援ネット

未来共創センターでは大阪大学オムニサイト協定（OOS）を関係団体と結び、共創の場づくりを行っています。未来共生プログラムでは東日本大震災の被災地域からの学びをカリキュラムとして組み込んでいました。その学びは、私たちの地域での将来の「減災」に向けても活用しなければならないと考えています。ここで紹介する、NTN株式会社とは、将来の減災に向けて一般社団法人全国自治会活動支援ネット、の場づくりを共に行っています。

実践志向の共創

「共生」とは何でしょうか。ここでは、端的に共に生きることとしましょう。共に生きるといっても、社会には残念ながらさまざまな分断があります。そして、既存の制度や学問体系は社会の分断を解消する助けにはならず、共に生きることを困難にしています。共生は理念であり、ビジョンです。共生のビジョンを掲げ、さまざまな方法論を導入し、社会の多種多様なアクターと協働する、それが私たちの共生、共創の営みです。

近年の社会調査やビッグデータなどの増加や科学技術の進歩の一方で、そのような知見や技術を社会貢献にいかす、社会実装することは容易ではありません。そこで、今日、人文社会系の知と理工系の技術の融合、さらには現場との共働による実践志向の共創が必要とされています。共生や共創という言葉は巷間に流布するようになりましたが、抽象的な議論が多いです。しかし、理念や観念のみでは共生社会の構築への営みも共創も生まれません。言うは易く行うは難し。私たちは、学生を含めた大阪大学の有志、企業、さまざまな社会的アクターと地域資源と科学技術による減災に取り組んでいます。

地域の縁、一般社団法人全国自治会活動支援ネット

そのパートナーのひとつが、一般社団法人全国自治会活動支援ネット（以下、自治会活動支援ネット）で

中河内防災フェア（2017年11月）

す。自治会活動支援ネットは、全国の自治会等地域コミュニティのまちづくり活動を支援しています。自治会、町内会の良き伝統に学びながら、それらをベースに新しい時代に相応しい地域コミュニティを日本ブランドとして確立し、社会に貢献するためにさまざまな事業を行っています。

私が代表の研究グループは、寺社などの宗教施設を地域資源とした防災の研究実践に取り組み、全国の避難所および宗教施設あわせて約三〇万件のデータを集積した日本最大級の災害救援・防災マップである「未来共生災害救援マップ（略称：災救マップ）[1]」を構築しました。

この災救マップと、自治会活動支援ネットが構想していた見守りカメラの機能をもつ Wi-Fi ステーションの機能と技術を整備し、防災、見守りの仕組みをつくるために、後述するNTN株式会社などの企業と連携し、二〇一七年に共同研究を開始しました。また、新たな産官社学連携の仕組みとして、大学人に加えて、一般市民、企業人など多様な人が参加する「大阪大学オムニサイト」（OOS）協定を、二〇一七年五月一五日、自治会活動支援ネットと調印、ＯＯＳパートナーの第一号となりました。

なんてなめらか、ＮＴＮ株式会社

もうひとつのＯＯＳパートナーが、大阪市に本社を置くＮＴＮ株式会社（以下、ＮＴＮ社）です。ＮＴＮ社は、ベアリングやドライブシャフトなどの研究・開発、生産、販売を行う精密機器メーカーです。高い品質と信頼性で機械をなめらかに回転させるＮＴＮ社の製品は、自動車や建設機械、風力発電、航空・宇宙、鉄道車両をはじめとする、あらゆる産業に用いられ、世界各地の人々の暮らしを支えています。「なんてなめらか」のテレビＣＭで知られています。

二〇一七年五月、ＮＴＮ社と自治会活動支援ネットをはじめ複数の企業や団体と一緒に「ＩＴを用いた防災・見守り・観光に関する仕組みづくり」の共同研究を開始しました。ＮＴＮ社からは、二〇一七年九月一日に、吹田キャンパスに独立電源通信網実験機（後述する「たすかんねん」）三機を提供頂き、実験を進めています。また、二〇一八年一二月二七日、ＯＯＳ協定の調印式を行いました。ＮＴＮ社の創業一〇〇年の年に、ＯＯＳパートナーとなったのです。減災の仕組みづくり、防災活動に一緒に取り組んでいます。

「鋸南町保健福祉総合センターすこやか」に設置されたコンテナ収納移動型独立電源
「N^{3} エヌキューブ」（筆者撮影）

災救マップを使った防災街歩き、避難訓練

地域の安心・安全のために、NTN社および自治会活動支援ネットと一緒になり、災救マップを使った防災街歩き、避難訓練を行っています。二〇一七年から毎年一一月下旬か一二月初旬に、大阪の東にある久宝寺緑地にて開催の「中河内防災フェア×イザ！カエルキャラバン！」では、自治会活動支援ネットと「災救マップを使った避難演習」を共催しています。二〇一七年一一月二五日の避難演習はOOSの第一回目のイベントとして共催しました。産官社学連携のスタートです。人科共生学の教員、学生と、行政、自衛隊、企業とも連携して実施し、二五〇名ほどが「災救マップ」を使って避難演習をしました。

独立電源装置「たすかんねん」による「拠点間長距離無線伝送実験」

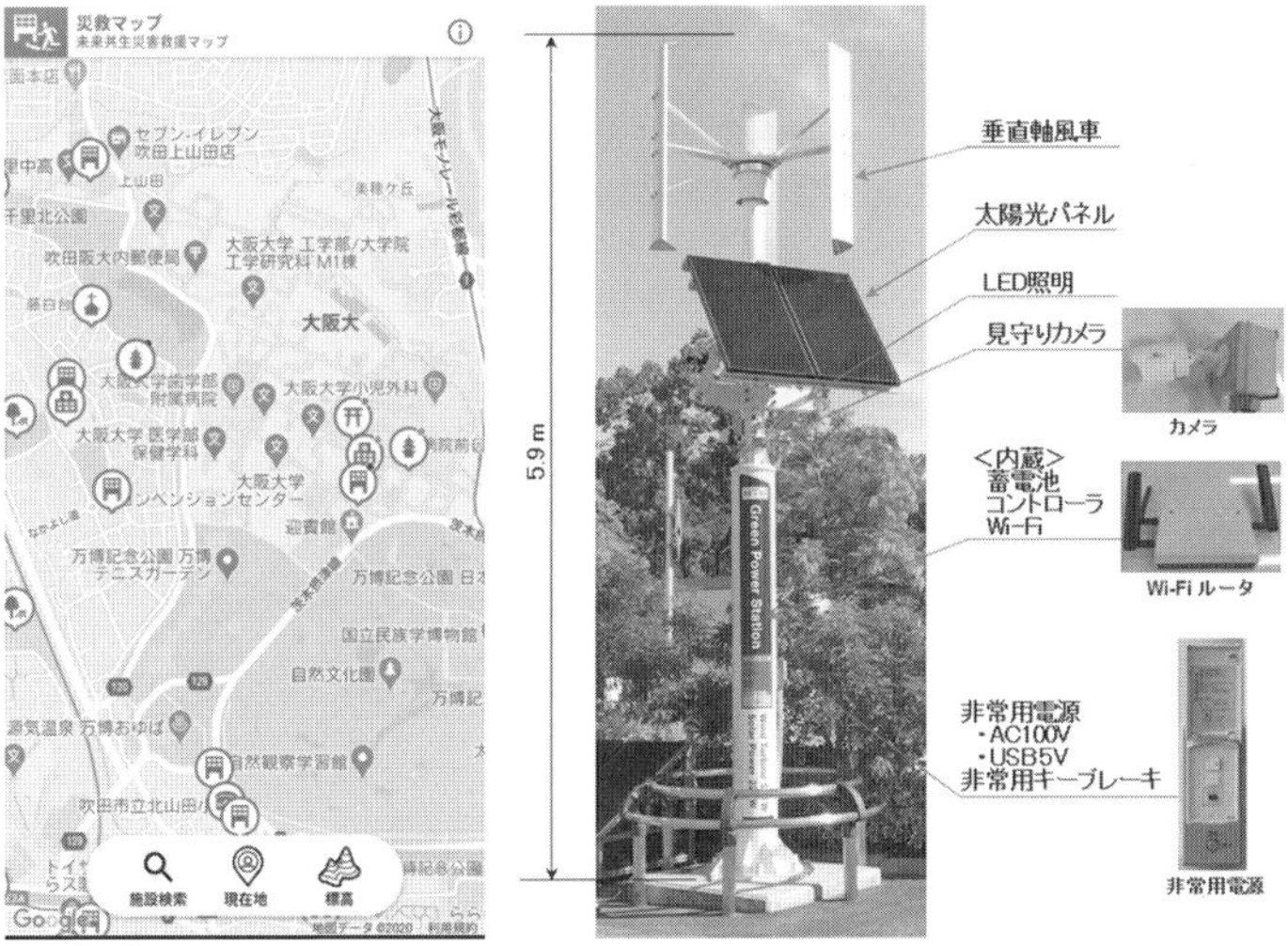

災救マップと実証実験に用いた独立電源装置の実験機

二〇一九年一一月七日、OOSパートナーであるNTN社、自治会活動支援ネットを含む「ITを用いた防災・見守り・観光に関する仕組みづくりの共同研究（代表：人間科学研究科・稲場圭信）」による「拠点間長距離無線伝送実験」を行いました。

前述のように、二〇一七年から、地域の安全・安心・見守りの取り組みをより一層進めていくために、大阪大学吹田キャンパス内に風力発電、太陽光発電、蓄電池、通信、カメラといった機器を備えた独立電源装置の実験機を三台設置し、実験・内部検証を行ってきました。概ね必要な技術と課題が見えてきたところ、二〇一九年九月、台風一五号により千葉県を中心に大規模被害が発生し、広域かつ長期間の停電及び通信遮断により被害概要の把握と救援活動が困難な事態となりました。この時には、自治体の要請に応じて、NTN社のコンテナ収納移動型独立電源「N^{3}エヌキューブ」を鋸南町と富津市に

富津市金谷の浄土宗本覚寺と金谷神社の道路向かいにある天羽漁協の駐車場での充電の様子（筆者撮影）

設置しました。

本共同研究で取り組んできた内容は、まさにこのような事態に対応するものです。

吹田キャンパスを被災地と想定し、人間科学研究科周辺の仮想被害状況を、人間科学研究科屋上から工学研究科棟屋上を経由させ、大阪大学グローバルビレッジ（二〇二〇年一〇月オープン）近くの吹田市立津雲台小学校（想定被災地外・救援本部）まで、二・五キロの長距離無線伝送をしました。本実証実験では大手キャリアサービスを用いずに、特定小電力無線（Wi-SUN FAN：消費電力がWi-Fi通信の一〇分の一）によるテキスト送受信や画像の伝送に成功しました。

実証実験の様子

なお、この共同研究の成果である独立電源装置とその仕組みは、大阪発の仕組みであることから、セットの名称を「たすかんねん」[2]（大阪弁で「助かる」の意味）としました。このプロジェクトには、ＮＴＮ社と自治会活動支援ネットに加えて、ソフトバンク株式会社、株式会社日新システムズ、日本電業工作株式会社、認定ＮＰＯ法人日本災害救援ボランティアネットワーク、一般社団法人地域情報共創センターなどが参画しています。

社会貢献、今後にむけて

大阪大学吹田キャンパスでの実証実験（2019年11月）

二〇一九年一一月七日の実証実験の成功を受けて、「たすかんねん」の災害時の役割や必要とされる仕組みの明確化がなされ、今後の実装にさらに近付いてきました。そして災害発生時の被害の低減と平常時からの利活用モデルの明確化を行いつつ、自治体等からの要請に応じての実装の検討を進めます。

東日本大震災では、一〇〇程の宗教施設が緊急避難所となり、地域資源としての宗教施設の重要性が明らかになりました。一方で、宗教施設と自治体、ボランティア組織との連携という点では課題を残しています。

本プロジェクトは、自治会、学校、寺社といった従来の地縁のネットワークを再評価する一方で、ＮＰＯを含めた新たな市民の動きとも連携して、共生、支えあいという共通価値を創出

（Creating Shared Values）します。そして、理工・人文社会系の技術と知の融合によるソーシャル・イノベーションによって、組織、人、知の壁を越えた多様性・流動性を前提とする新たなコミュニティを構築し、安全・安心社会の実現に貢献することを目指しています。

防災・危機対応のみでは社会的波及効果が薄いのが難点です。そこで、平常時の見守りと観光をセットで、日常でも役に立つ機能によりトータルに危機対応する「地域情報共創システム（仮称：Regional Information Co-creative System：RICSリックス）」を構築します。そのために、「一般社団法人地域情報共創センター」を二〇一九年一〇月に共同研究のメンバーで設立しました。そこには、地域の祭り、年中行事、各種イベント、近所の商店街などの情報や自治会の回覧板システムなども入れ、双方向で発信する仕組みを構築します。地域の安心・安全に楽しみも入れた実践志向の共創をＯＯＳのパートナーと推進していきます。

注

（1）寺院、神社、教会などの宗教施設約二〇万件、学校や公民館などの指定避難所を合わせて約三〇万施設をマップにしたもので、ユーザーが被災状況を発信できる双方向システムを備えています。大阪大学の知的財産です。

災救マップ
https://map.respect-relief.net/

災救マップの活用方法は以下を参照
https://note.com/dr178/n/n4de398c039cf

（2）　地域の安全・安心の要として常時/非常時の見守りカメラの機能をもつWi-Fiステーション、独立電源通信機。停電時にも太陽光・風力発電で機能します。

参考文献

稲場圭信（二〇二〇）「共生社会にむけての共創」志水宏吉ほか編『共生学宣言』大阪大学出版会、一九三-二一三頁.

（稲場　圭信）

異文化交流の震災学習プログラム
――新安世紀教育安全科技研究院

大阪大学オムニサイト協定（ＯＯＳ）は場づくりという性質上、緊密に連携を取れる団体と協定を結んでいます。新安世紀教育安全科技研究院は中国の団体ですが、日本の団体と変わらないくらい、緊密に連携を取り合っています。特に、震災からの復興や防災に関して、私たちは中国における取り組みに学んでいます。どちらかが知恵を教えるのではなく、知恵をもちよって、避けがたい震災に向き合うことを目指しています。

共創の現場

日本と中国はともに災害が多い地域にあって、毎年甚大な被害を受けています。新安世紀教育安全科技研究院とは、災害救援、災害復興、地域防災の各場面で、それぞれの国々がどのように対応してきたかということについて、災害ボランティアに焦点を当てながら研究、実践の交流を進めてきました。二〇一八年四月には、四川省成都市で開かれた日中災害国際会議に参加し、双方の救援、復興、防災に関わる災害ボランティアの活動を学びました。中国では、災害ボランティアたちが被災地に長期にわたって関わりながら復興村づくりに携わっている例がいくつもあることを学び、実際に四川大地震の被災地も訪問しました。その後、相互に訪問しながら、議論を重ねて、防災に絞った研修会を開催することを企画しました。二〇一九年六月に企画は実現し、成都で開かれた第一回日中防災安全技術研修会において、未来共創センターの教員とOOS協定を結んでいるNPOである（特）北いわて未来ラボ（岩手県）と（認特）日本災害救援ボランティアネットワーク（兵庫県）が、日本側の講義を担当しました。防災教育の考え方や地域防災に用いるツールなどを提示しましたが、中国からの参加者が熱心に聞き入って下さいました。

日本側を中心とした会議等の開催は少し遅れていましたが、二〇二〇年一月に、関西エネルギー・リサイクル科学研究振興財団から助成を受け、未来共創センター主催、新安世紀教育安全科技研究院共催で「日中共創シンポジウム　日中比較からみえてくる災害ボランティアの意義と課題」を西宮市で開催しました。阪神・淡路大震災二五年と災害ボランティアの経緯、KOBEと四川が相互に学び合うことに関する基調講演の後、救援、復興、防災をテーマとするグループ・ディスカッションを行い、日本と中国との活発な意見のやりとりがありました。なお、終了後、新安世紀教育安全科技研究院の皆さまは、二〇〇四年新潟県中越地震の被災地である新潟県小千谷市塩谷集落も訪問され、四川大地震での救援活動や復興支援活動を紹介し、現地の人々と交流を深められました。今後ますますの相互訪問で学びを深め、日中での災害ボランティアを介した共創知を生み出していきたいと思います。

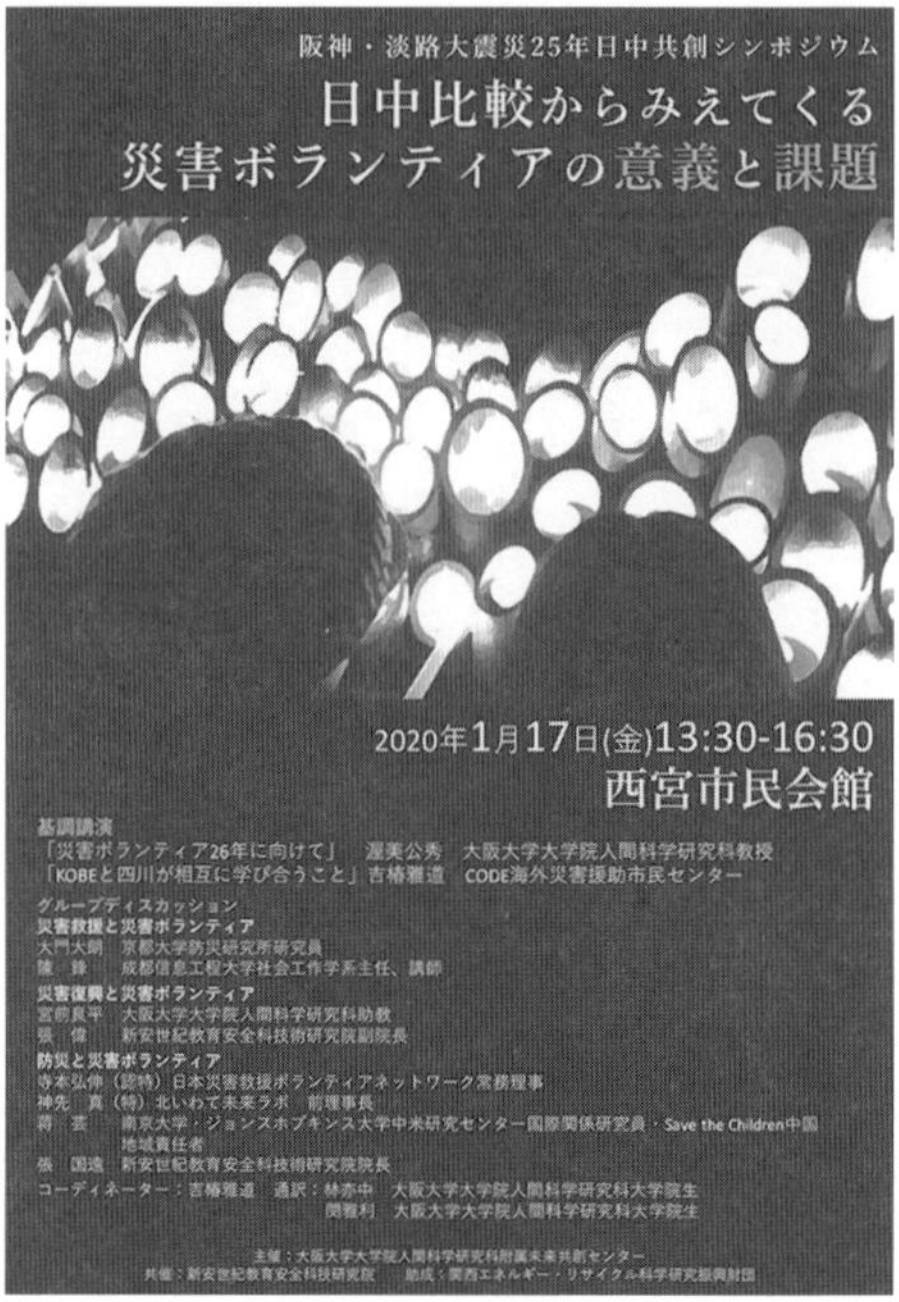

阪神・淡路大震災 25 年シンポジウムのチラシ

出会い

二〇〇八年五月一二日に四川大地震が発生しました。私たちは、（認特）日本災害救援ボランティアネットワークとともに、直後から救援に駆けつけました。KOBEから長期的な支援を展開されたNPO法人CODE海外災害援助市民センターの紹介で被災地の方々とも交流を深めていました。新安世紀教育安全科技研究院の院長張国遠さんたちは、当時NGO備災センターという名で救援活動を展開しておられました。張さんとの改めての出会いは二〇一三年雅安地震の時でした。NGO備災センターの活動について京都大学の大学院生が現地調査にもとづく論文を書いていました。論文を読んで、そこに書かれた活動に感銘を受け、成都に張さんを尋ね、意気投合して相互の訪問が始まりました。途中、雅安地震が発生し、一緒に救援に行き、また、活動している災害ボランティアに向けて日本の様子をお話ししたこともあります。二〇一七年になって、新安世紀教育安全科技研究院を設立し、救援、復興、そして特に防災について日中で相互に学び合う体制を作りたいと相談を受け、次々とアイデア、企画を出していきました。

当研究科とのOOS協定に調印するために来日された際には、その夜の歓迎会をキャンセルし、水害が発生して苦しんでおられた岡山県倉敷市真備町に同行してもらい、救援活動を行ってもらいました。実際の活動を通して、災害ボランティアによる救援活動の日中における共通点と相違点を挙げてもらって議論しました。

岡山県倉敷市で水害支援に参加するメンバーたち

共生社会に向けて

災害救援、復興支援、地域防災といった活動には、日本も中国も災害ボランティアやNGOが参加します。実際、日本では一九九五年の阪神・淡路大震災の年が（災害）ボランティア元年と言われますが、中国では二〇〇八年の四川大地震の年が（災害）ボランティア元年です。自然災害に立ち向かうには、市民の力が必要だというのはどこでも同じだと思います。しかし、災害ボランティアやNGOといった個人や組織が活動する際には、政府との関係を中心に、両国の間で大きな違いがあります。例えば、市民団体が寄付を集めることが可能かどうか、政府に登録している組織と登録していない組織に見られる差異はどれほど大きいか、といった点です。もちろん、災害ボランティアやNGOは、被災者の安寧を第一に考えていることは両国で違いはありません。異なる体制の下で、どのように活動していけば被災者や被災地が助かるのかという問いに立ち向かうことになります。活動にはさまざまな工夫が凝らされ、そのことを学び合うことで両国での活動がそれぞれ発展していきます。文脈が異なる中で、いかにして被災された人々と共生していくかという共創知を創り出す活動です。

日本は災害が多い技術大国なので、防災には優れていると思われています。実際、優れている面は実に多いのが現状です。それでは、中国と交流する場合には、日本が一方的に中国に教えるのでしょうか。それは全く違います。中国から学ぶことは多々あります。また、日本の事例を学ぶ中国の人々から感想を聞いたりすることによって、さらに日本の学びが深まることもあります。こうした分野の学びは、小さな具体例を通して進む場合が多々あります。これからも吹田と成都を往復しながら、お互いが学び合う関係を続けていきたいと願っています。

注

（1）新安世紀教育安全科技研究院とは、コロナ禍で苦しむ人々を支援する市民活動に取り組んでいる。具体的には、世界一七カ国・地域の参加する国際ネットワーク International Alliance for COVID-19 Community Response（IACCR）を立ち上げて、情報交換を続けている（渥美　二〇二〇、閔　二〇二一）。

参考文献

渥美公秀（二〇二〇）「新型コロナウイルス禍後の社会に向けて：二〇二〇年四月」『災害と共生』、四（一）、九五−一〇二頁、

閔雅利（二〇二一）『デジタルボランティアネットワークの実践的研究—IACCR の事例から』大阪大学大学院人間科学研究科修士論文

陳穎・杉万俊夫（二〇一〇）「四川大地震被災地における中国NGOの救援活動—「NGO備災センター」の事例」『集団力学』二七、一三一−一五七頁、

林亦中・渥美公秀（二〇一九）「四川大地震から一〇年を迎えて：汶川地震一〇周年・芦山地震五周年被災地復旧・復興学術研究会および第二回（二〇一八年）学校減災教育研究会を中心に」『災害と共生』二、五七−六四頁、

劉雁・渥美公秀・杉万俊夫（二〇一三）「中国の災害NGO—「NGO備災センター」の事例—」『集団力学』三〇、一三二−二〇四頁、

（渥美　公秀）

世代交代の場を創出する

――野田村役場

野田村との大阪大学オムニサイト協定（OOS）はまさに村ぐるみ。村役場と協定を結ぶことで、野田村における場づくりを行ってきました。以下でも紹介するように、野田村には人間科学研究科の教員が多数レクチャーに訪れています。その場面は、どこか昔ながらの講演会や講習のように見えなくもありません。ですが大切なことは、そこで生じる対話であり、野田村の方々だけが学ぶのではなく、大学教員や学生も「では自分の研究を活用するなら？」という学びを得ているのです。

回	タイトル	講　師
1	まちづくりと減災〈助かる〉社会を目指して	渥美　公秀、石塚　裕子
2	サルを見て、人を知る：『サルからの人間科学』	中道　正之
3	社会の寛容性を高める：生きやすい社会にするために	山中　浩司
4	「いまどきのまちづくり」「未来につなぐまちづくり」	室崎　益輝、小林　郁雄
5	アフリカの開発と教育—野田村にとって遠いところのことなのだろうか？	澤村　信英
6	社会調査の実際	吉川　徹

表9　2019年度野田学講義

共創の現場

「二〇年後に、他の村では真似のできないユニークな村になろう」をモットーに二〇一八年度より、野田学が展開されています。野田学は、講義、実習、演習で構成され、現在の受講生は役場職員です。近々、村民へと広げていくことが視野に入っています。講義は、人間科学研究科の教員による講演を中心に、役場職員としてあまり触れることのない話題を採り上げています。二〇一九年度は、表9のように六回の講義を実施しました。実習は、取り組むべき課題を検討するワークショップを重ねた結果、「歩く」と「調査」になりました。「歩く」では、東日本大震災からの復興を目指して開設された青森県八戸市から福島県南相馬市までの津波に襲われた沿岸地域をつなぐ「潮風トレイル」や野田村に古くから伝わる「塩の道」を活用したユニークな取り組みを考えていこうとしています。一方、「調査」では、自分たちで独自にさまざまな調査を実施して分析し、村民の考えを聞き施策に活かしていこうとするもので、ここには第六回講義なども連動して人間科学研究科教員や大学院生からのアドバイスを得ながら進めていくプロジェクトとなってきています。演習は二〇二〇年度から本格化する予定ですが、講義や実習に関連する書籍を読む読書会です。野田学の成果は、毎年一月に開催される未来共創センターシンポジウムで発表することになっており、第一回、第二回ともにユニークな発表が行われました。

出会い

東日本大震災が発生した際に、筆者が深く関わっている（認特）日本災害救援ボランティアネットワーク（本書五〇頁参照）が野田村で救援活動を開始しました。人間科学研究科では、他の研究室でも宮城県南三陸町や同県気仙沼市で救援活動に携わる研究室がありました。その後、研究科の研究費助成（ヒューマンサイエンス研究費）を得て、三者共同で東日本大震災に取り組んでいきました。二〇一三年には、大阪大学博士課程教育リーディング大学院プログラム「未来共生イノベーター博士課程プログラム」によって、野田村に大阪大学野田村サテライトが開設されました。救援活動で生まれたご縁と、サテライトを活用した授業プログラムの実施、また、毎月一一日（月命日）に開催したサテライトセミナーなどを通じて、大学と野田村が緊密なつながりを育んでいきました。二〇一七年二月、サテライトセミナーが第六〇回を数え、終了するのに際し、両者のつながりを確かなものとして永続させていく縁としてOOS協定が締結されました。冒頭に紹介した野田学は、このOOS協定にもとづく事業ということになります。

野田学講義の様子

共生社会に向けて

東日本大震災からの復興はまだ現在進行中ではありますが、当時と比べれば随分と落ち着きを取り戻しているように見えます。と同時に、震災前からの課題であった高齢化、人口減少などは解消されないまま残っています。野田村の人々が活き活きと暮らしていくことのできる社会をどのように創出していくか。それは野田村の課題であると同時に、野田村に関わってきた私たちの課題でもあると感じています。現在は役場の皆さんとの関わりが深く、野田学も役場を中心に展開しています。確かに、協定書に調印したのは村長であり、役場との協定でもあるのですが、役場だけが活性化されるというような不思議なことは起こりません。ＯＯＳ協定は、野田村民の、野田村民による、野田村民のための協定だからです。役場を軸として展開しながらも、これからどのようにして村民を交えて進めていくことができるか。ここに野田村との関係の要があります。大阪大学とある自治体が協定をもとに共生していくということの意味を考える絶好の事例がここにあります。

（渥美　公秀）

注

（1）コロナ禍においては十分な実施はできていないが、野田村に移住した本研究科出身の大門大朗氏による「ブックカフェのだ」活動が開催され、実習もオンラインで継続されてきた。詳細は、渥美・貫牛（二〇二一）を参照のこと。

参考文献

Atsumi, T., Ishizuka, Y., & Miyamae, R. (2016). Collective Tools for Disaster Recovery from the Great East Japan Earthquake and Tsunami: Recalling Community Pride and Memory through Community Radio and "Picturescue" in Noda Village, Iwate Prefecture. IDRiM, 6(2), 1-11. DOI10.5595/idrim.2016. 0183.

渥美公秀・貫牛利一編（二〇二一）『東日本大震災と災害ボランティア』大阪大学出版会

李永俊・渥美公秀監修（二〇一四）「東日本大震災からの復興（一）」『想いを支え―聴き書き　岩手県九戸郡野田村の震災の記録』弘前大学出版会

李永俊・渥美公秀監修（二〇一五）「東日本大震災からの復興（二）」『がんばる　のだ―岩手県九戸郡野田村の地域力』弘前大学出版会

李永俊・渥美公秀監修（二〇一六）「東日本大震災からの復興（三）」『たちあがる　のだ―北リアス・岩手県九戸郡野田村のQOLを重視した災害復興研究』弘前大学出版会

『未来共生学』一～六

大阪大学野田村サテライト（二〇一七）『サテライトセミナー記録集』

多様な人が住まうまち
——グローバルビレッジ

大阪大学が「村」をつくる。いかにも奇抜な話にみえるかもしれませんが、総合大学における職員・学生寮は一〇〇〇名近い人々が生活する場になることから、「村」といっても過言ではありません。しかも今回の「村」は、一般の生活者や商業区画も含まれ、高齢者住宅もあります。当然、地域の方々との連携も必要不可欠です。そうした場づくりは大学だけではできません。私たちは、パナソニックホームズ株式会社、株式会社中銀インテグレーション、共和メディカル株式会社の三社と〇〇S協定を締結し、「村」づくりをおこなっています。

グローバルビレッジ

大阪大学は、二〇二〇年一〇月、留学生・学生寮、教職員住宅を核にしたコミュニティタウン「グローバルビレッジ津雲台」（以下、GV）を吹田市にオープンしました。留学生も居住する国内最大規模の学生寮（三〇〇室）、教職員住宅（四〇〇室）の大学施設に加えて、シェアハウス、サービス付き高齢者住宅、賃貸レジデンス、医療施設、飲食店、教育文化施設と一体になったコミュニティ、まさに、多様な人が住まうまちとなります。

このGVにおける多世代共生のまちづくり、多様性を尊重するコミュニティの協働実践のために、二〇一八年三月三〇日、パナソニックホームズ株式会社（旧パナホーム）と、二〇一九年一一月一日には、共和メディカル株式会社および中銀インテグレーション株式会社とOOS協定を締結しました。

まちづくりのパートナー

パナソニックホームズ株式会社（以下、パナソニックホームズ）は、大阪府豊中市に本社を置く、住宅総合メーカーです。パナソニックホームズが、住まいづくりで目指しているのは、「強さ」と「暮らしやすさ」のNo．1であること。末長く快適に安心して暮らせる住まいを提案しています。二〇二〇年一月には、パナソニックとトヨタ自動車が「くらしとテクノロジーの融合」による未来志向のまちづくりを目指して設立

グローバルコート（中庭）からGVを望む

居住者が使えるオープンキッチン

した新会社プライム ライフ テクノロジーズ株式会社のグループ会社となりました。街全体におけるくらしの新たな価値の創出に取り組んでいます。

　中銀インテグレーション株式会社（以下、中銀）は、一九五七年に創業、一九七一年に中高齢者専用マンション「中銀ライフケア」事業をスタート、以来「お客様と共に活気あるコミュニティを創造する」をモットーに約半世紀に渡って自立シニアとともに歩んできた企業です。シニア専用分譲マンション一八棟三二四〇戸、その他有料老人ホーム、サービス付高齢者住宅、訪問・通所介護事業所を運営しています。熱海市では、毎年、入居者主体の市民の交流イベントを一七年前から実施しており、二〇一九年度に「日本初となる区分所有型マンション内での分散型サ高住」を実現しています。

　共和メディカル株式会社（以下、共和メディカル）は、一九七八年に設立、現在は東大阪本社をはじめ、主に大阪・和歌山エリアで計二〇拠点（医薬品卸四、薬局一一、訪問看護二、ケアプラン一、飲食二）を展開しています。「地域に密着し、地域に貢献する」をテーマに、健康を軸とした社会課題解決を目指すソーシャルデザインカンパニーです。地域包括ケアや地域共生社会（多世代及び障害者の交流）の実現を念頭において、かかりつけ薬局事業に加えて、ヘルシーフード事業や、訪問看護、訪問リハビリ、ケアプランなどの在宅事業に携わっています。また、「障害があっても、自分らしく暮らせる街づくり」を目指し、ALSなどの重度の障害があっても働ける（＝居場所・役割のある）ように、分身ロボットＯｒｉｈｉｍｅを開発・提供しているオリィ研究所と連携したユニークな取り組みも実施しています。

連携の経緯

大阪大学グローバルビレッジ施設整備運営事業（敷地面積二三八〇五・〇七七平方メートル、延床面三八二三七・五六平方メートル）において、二〇一七年八月、大阪大学はパナホーム株式会社を代表企業とする特別目的会社ＰＦＩ阪大グローバルビレッジ津雲台株式会社と事業契約を締結しました。

この事業は、老朽化の著しい津雲台宿舎（大阪府吹田市）を廃止し、「外国人留学生・日本人学生混住型の学寮」、「優秀な人材獲得に資する教職員宿舎」、「施設集約化により生み出される土地を活用した民間付帯施設」からなるＧＶを整備するものです。

この事業に稲場が提唱していたアジービレッジ（シニアとユースの世代を超えた共生）構想を盛り込めないかと、人科の当時の栗本研究科長、事務長、本部職員、パナホームの担当者と二〇一七年一〇月に意見交

エントランスに設置されたオープンライブラリー

換の場を持ちました。その後、連携協議を重ねて、OOS協定の締結となりました。中銀と共和メディカルは、GVの商業区画、サービス付き高齢者住宅や薬局、レストランの運営に携わる企業です。両社とは、OOS協定の締結前から、学生も含めたワークショップを重ねるとともに、パナソニックホームズ、中銀、共和メディカルをはじめとする関連企業ともGVのキャッチコピーづくりや、ソフト面の運営の企画ワークショップを開催しました。これらのワークショップの結果、GVのコンセプトが「おもろい学（あそ）び場」に決まりました。このコンセプトには、GV居住者が学生とともに楽しみながら学びを深められる場所にしたいという思いがこめられています。

GVをひとつのコミュニティ・モデルに、連携して共生社会、支え合うコミュニティを構想、推進します。本学学部生、大学院生も参加して、多世代共生の街づくり、多様性を尊重するコミュニティの協働実践を行います。

学生もまちの担い手となる重要なパートナーです。シニア層についても、シニア向け住宅を整備・運営するだけでなく、コミュニティに関与、刺激を受けながら元気に暮らすあり方を一緒に考えます。

栗本元研究科長、川端前研究科長のもと、二〇一九年度までに、商業区画の参加企業とともにGV会議を重ねるとともに、人科の学生も参加したワークショップ等を行ってきました。また、未来共創センターの山本先生を担当に、中銀、共和メディカルと「つくもだい学会」を組織、協議を重ねてきました。「つくもだい学会」はGV内での多セクター間の相互交流を促進することを目指していますが、津雲台地域住民に向けたGVからの「学びの場」の提供も期待されています。

GV キャッチコピーワークショップ

グローバルビレッジ・ラボの設置

GVは「留学生を含むあらゆる学生、教職員が同じ場所で生活し、活発なコミュニケーションを可能とする国際的生活環境を実現することにより、地域との交流を通じた人と人との新たなインタラクションを生み出す」ことを理念として掲げています。このインタラクションには、大阪大学構成員に加えて周辺地域住民およびGVの商業区画のテナントやサービス付き高齢者住宅・賃貸住宅入居者といった多様なアクターが参与することになります。これは地域との連携、新たな「場」の創出を掲げる未来共創センターにとっても重要な拠点になると考えています。そこで、二〇二〇年五月、未来共創センター内に「グローバルビレッジ・コミュニティ・プロジェクト」を設置し、これらの取り組みを推進することになりました。

GV 内に設置されたたすかんねん４号機

授業の成果を発表する人科生

今後の取り組み

多様なアクターが新たなインタラクションを生みだすためには、始動段階からコミュニティづくりの積極的な働きかけが必要です。開かれたコミュニティの構築にむけて、GV内の大阪大学セクションと商業セクションの交流、さらには津雲台の地域住民との関係構築の機会を設け、GVの雰囲気・文化の醸成をしていきます。

まずは、コミュニティづくりプロジェクトです。GV寮生・教職員同士、GVの高齢者やシェアハウスの入居者および地域住民と一緒にコミュニティづくりをします。具体的には、以下に取り組みます。

① GV多国籍間のワークショップ
② GV多世代多様なステークホルダー間のワークショップ
③ 地域住民とのワークショップ

また、留学生も多いので、日本を知るプロジェクトとして、GV寮生を募って、人科の未来共生プログラムやOOSパートナーも地域（今井町、豊川、富田など）でまち歩きをします。日本を知る機会を創出していきます。

四季を通じてさまざまなイベント・セミナーなどを企画し、周辺エリアの住民も巻き込みながら、ハード（施設）とソフト（交流活動）の両面から、多くの人々が時間と空間を分け合うことを目指しています。

GVの中には、周辺エリアの住民の方とともにまちづくりを進めていくためのスペースができつつあります。たとえば、サ高住の一階には、「日本のいいもの食堂ハレとケ」という飲食店が開業し、食事を通してのコミュニティづくりが構想されています。賃貸レジデンスの一階には「まちの保健室」という地域の方も自由に健康相談や各種イベントができるスペースが併設されており、福祉や健康という視点からのコミュニティづくりを目指しています。また、実際にGVに居住している方がGVを使いこなしてもらうためのアイデアを「レシピBOOK」風にまとめたパンフレットも人間科学部の学生や大阪市立デザイン教育研究所の学生と共同で作成しています。これらのGVでのコミュニティづくりの試行を包括的に取りまとめるために「GV津雲台街づくり協議会」が発足し、大学や各企業、そして地域の方々との連携がさらに深まっていくように動き出しています。

共生、支えあい、社会貢献といったものは、さまざまな所に標語のように掲げられています。しかし、言葉だけを発信しても結局、人は変わりません。さまざまな共同作業を通して、人々が互いの価値観の衝突を乗り越える経験をすることが大事です。仲良しグループの中だけで、予定調和的に顔色をうかがいながら表面的に仲良くしていたのでは、心の底から相手を尊敬し、相手の立場を思いやることはできません。そこからは本当の意味での共生、支えあいは生まれません。「価値観の衝突は心の栄養剤」です。

多様な人との出会い、交流が人を育てます。そして、さまざまな社会的課題の解決には、人と知のキュレーション、大学と企業や社団法人等多様なステークホルダーによる「共創」が必要です。あらゆる（オムニ）場（サイト）が、学びの場、共創の場となります。

（稲場　圭信・宮前　良平）

地域発見！「のだもん」「阪大もん」

――特定非営利活動法人北いわて未来ラボ

私たちは「知っている」と思っていることをあまり考えなおしたりすることがありません。地域もそうした「知っている」ことの代表格かもしれません。しかしその「地域」には知られていないことが多々あります。特に、防災や減災に関わる施設や地域の歴史などについて、私たちは驚くほど無知です。では、多くの方が、自然と楽しんでまちを学ぶ機会を作るにはどうすればよいのでしょうか。そうしたアイデアを大阪大学オムニサイトパートナーの北いわて未来ラボとともに私たちは考えています。

共創の現場

まちづくりは、地域を知ることから始まります。地図を見る、資料を読む、ネットで調べるなどさまざまな方法があります。中でも、地域を実際に歩いてみるという手法は欠かせません。ただ、いきなり地域を歩けと言われてもどこから歩いていいかわからないと思われるかもしれません。あるいは、歩けと言われなくても日頃から歩いているけれど特に何も気づかないということもあるかもしれません。歩いて地域を知るにはちょっとした工夫が必要です。

特定非営利活動法人北いわて未来ラボとは、歩いて地域を知るためのツールを一緒に開発しています。現在は、タブレットやスマホのアプリ「のだもん」が中心です。「のだ」は岩手県野田村、「もん」はモンスターからきています。人気のゲームに似ています。野田村を歩きながら、野田村の観光地を巡り、東日本大震災で被害を受けた場所を見学して、その場でクイズに解答すると、モンスターを獲得できます。次々と廻ってすべてのモンスターを見つけると賞品がもらえるという仕組みです。

観光地や被災した場所、そして、クイズの内容は、主催者側で設定しますので、参加者に見て欲しいところや学んで欲しい被災箇所、学んで欲しい内容を盛り込むことができます。「のだもん」を阪神・淡路大震災の被災地に持ち込んで（認特）日本災害救援ボランティアネットワークと協働で実施した「みやもん」や、阪大吹田キャンパスを舞台に人間科学研究科の新入生を対象に防災施設を学んでもらった「阪大もん」を展開して、地域を知ることが防災にどのように繋がるかという知を共に創り出しています。

出会い

二〇一一年東日本大震災の被災地となった岩手県野田村に救援に駆けつけました。津波からまだ一ヶ月ほどしか経っていない頃、野田村役場の前で地元の若者たちと話す機会がありました。人懐っこい笑顔でした。考えてみれば、それは被災地で見た初めての笑顔でしたので、強く印象に残っています。話の内容は、こんな大変な状況にあるけれど、地域の子どもたちにホンモノを見せたいという話でした。ホンモノとは、世界に通用する音楽、美術、芸能、そして、世界という舞台で夢を実現させている人。そう語り合った若者たちは県立久慈高校の同級生。皆さんが結成されたＮＰＯが北いわて未来ラボです。

数年後、野田村で、北いわて未来ラボ主催の「のだもん」に参加しました。最初は、津波の記憶が重くのしかかり、子どもたちと一緒に津波で被災した場所を巡ることは躊躇われたといいます。ただ、今回からは、村民が避難した愛宕神社などを含めたシナリオになっていました。子どもたちと一緒にまわりながら、「のだもん」が地域を知るための優れたツールになっていることを実感しました。また、防災に関係する場所を巡回して学ぶことのできる防災教育の優れたツールだとも感じました。

当時はまだ未来共創センターもＯＯＳ協定という仕組みもない頃でしたので、研究室という単位で関わっていくことを考えました。まず、研究面では、防災教育に関心を持っている大学院生を中心に、「のだもん」のプログラム（言語）を学ぶところから始めました。一方、実践面では、これまで関わりが深く、また、子どもたちと街を探検しながら防災について学ぶプログラムを開発実施してきていたＮＰＯ法人日本災害救援ボランティアネットワークに協力をお願いしました。そして、「のだもん」の発展形を一緒に研究・実践していくことにしました。

その後は、北いわて未来ラボの皆さんに西宮に来ていただいて説明会を開催したり、我々が久慈市の事務所を訪問してプログラムや実施時の詳細を実地に学んだりすることを繰り返しました。二〇一七年には、西宮市で「みやもん」を実施しました。そして、二〇一八年OOS協定を締結してからは、「のだもん」「みやもん」のように場所を自由に設定できる「ユニもん」（ユニバーサルもん）の開発を進めるとともに、大阪府北部地震の教訓を承けて、阪大生もキャンパス内の防災拠点を知るべきではないかと考え、「阪大もん」を実施しました。実施前後のアンケート調査からは、このツールを使ったグループの方が、ツールを使わなかったグループよりも大阪北部地震に関する関心が高まるという効果がありました。ただ、ツールを使う方が防災拠点一般をより深く知って防災への意識を高めることができるかという点では十分な差が見られませんでした。さらに改良を施していく必要があるという段階です。

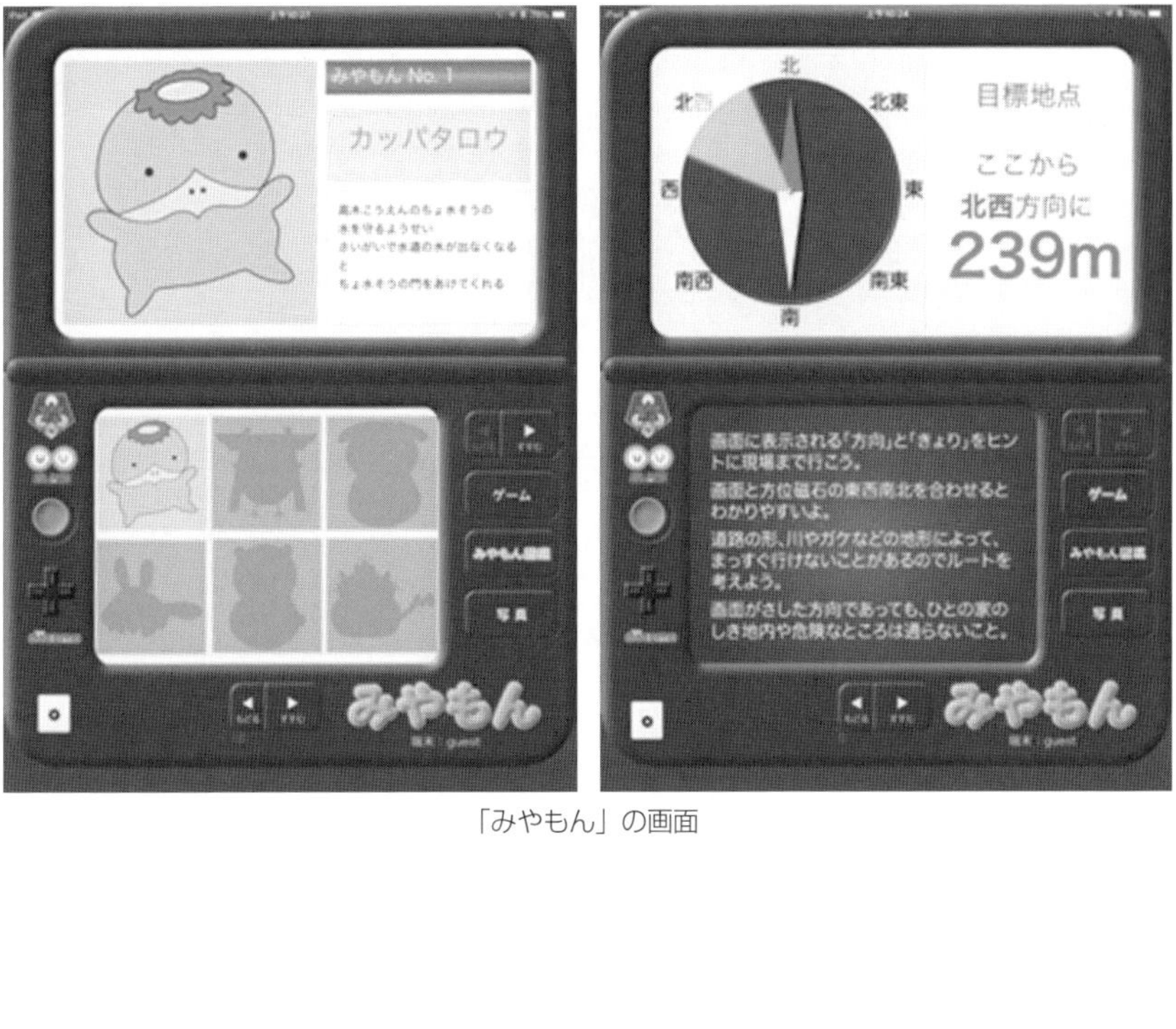

「みやもん」の画面

当研究科とのOOS協定調印式の日、夜の歓迎会をキャンセルし、水害が発生して苦しんでおられた岡山県倉敷市真備町に同行してもらい、救援活動を行ってもらいました。東日本大震災による津波被害と、西日本豪雨災害による浸水被害は、似て非なるものではありますが、遠く岩手からの救援活動は現地の人々に感動をもって受け入れて頂きました。その後、OOS協定先となっている岩手県野田村の役場職員が来阪されたときも、この日の活動が、現地でボランティア活動を展開して頂くきっかけになりました。

共生社会に向けて

まちづくりは地域を知ることから始まります。都市部では無縁社会などと呼ばれるように人々の関係が希薄になっています。一方、郡部では過疎高齢化などからコミュニティの力が弱まってきていると言われます。さまざまな提言がなされますが、結局のところ、そこに住む多様な人々が出会い、一人一人が声を上げられるようにまちを作っていく（作り直していく）しかないように思います。これまで地道に行われてきたまちづくりに加えて、新しい多様なまちづくり、そして、まずは地域を知ることから始めるためのツールが必要になってくると思います。NPO法人北いわて未来ラボとのOOS協定は、未来共創センターと北いわて未来ラボが、そして、防災の場面では日本災害救援ボランティアネットワークが協働しながら、多様な市民とともにまちづくりを進めていく場を創り出すものです。のだもん、みやもん、阪大もん、そして、ユニもんへと発展してきているツールを用いて、どのようなまちづくりのきっかけを作っていけるのか、そのための実践的な知とは何なのか、これからもさらに共創を深めていきたいと考えています。

参考文献
渥美公秀（二〇二〇）「共生のグループ・ダイナミックス、その技法（アート）：中越地震からの復興過程を通して」志水宏吉・檜垣立哉・モハーチゲルゲイ・栗本英世・河森正人編『共生学宣言』大阪大学出版会
林亦中・渥美公秀（二〇一八）「体験学習イベントツール「みやもん」に関する実践的研究―防災学習ツールに関する研究」日本グループ・ダイナミックス学会第六五回大会発表論文集

（渥美　公秀）

「すいすい吹田」住みよいまち
――認定特定非営利活動法人日本災害救援ボランティアネットワーク

二〇一八年の大阪府北部地震では大阪大学も大きな被害を被りました。それと共に、地域で生活する学生・留学生への支援や、地域の方々との連携について後手に回ったことを、私たちは強く反省することになりました。そうしたなかで大阪大学オムニサイトパートナーの認定特定非営利活動法人日本災害救援ボランティアネットワークは、いち早く「地域で困っている人のサポートをしなければならない」と声をあげ、私たちを牽引してくれました。

共創の現場

二〇一八年六月一八日、大阪府北部地震が発生し、大阪大学も被災しました。建物が倒壊するというほど甚大な被害の見える災害ではありませんでしたが、犠牲者が出て、屋根瓦が落ちたり、家具が倒れたり、断水したり、また、交通機関も止まるなどして多くの人たちが被災しました。大阪大学では学生たちが困惑していました。まず、地震の経験が少ない地域からの外国人留学生とその家族は、避難所で不安な夜を過ごしました。また、キャンパス近くに住んでいた学生たちも被害を受けながら授業が行われるのかどうかなど情報収集に努めていました。近隣から通学する学生たちも同様です。

それまでにも大阪大学大学院人間科学研究科の教員や学生たちと交流のあった認定特定非営利活動法人日本災害救援ボランティアネットワーク（ＮＶＮＡＤ）は、地震発生直後から大阪大学吹田キャンパスや被災地となった高槻市、茨木市、箕面市、そして、吹田市で活動を始めました。中でも、吹田市社会福祉協議会とは、被災した学生たちも加わって吹田市災害ボランティアセンターの立ち上げに協力し、その後も、ここを拠点に救援活動を展開していきました。

地震から一段落した頃、直後の避難所や吹田市を中心とした近隣での救援活動に参加した学生と教員から、教訓を生かしていくための会を結成しようという声があがりました。何度か会合を開き話し合った結果、「つっぱり棒の会」が結成されました。そこでは、その時々に被災された方々が必要とされていることを議論して対応することはもちろん、地震発生からの出来事を時系列で整理する作業や、チームエスノグラフィーに関する研究会など、大学ならではのさまざまな事柄に学生と教員で一緒に取り組み、その中にＮＶ

吹田市災害ボランティアセンター開設の会議に参加する

ＮＡＤのスタッフも必ず出席して災害ＮＰＯとして学生や教員と一緒にできることについて検討していきました。その過程で生まれた活動が「すいすい吹田」と呼ばれるものです。これは、大阪府北部地震で明らかになったように、立ち並ぶマンションには独り暮らしの高齢者など、災害時に特に支援が必要となる方々が住んでいて、そうした方々と災害ＮＰＯ、学生が普段から関係を築いておこうとするものです。現在では、吹田市社会福祉協議会のスタッフのご厚意を受けて、自治会の防災訓練に出席したりしています。地域に学生が来ることで、防災に関わる活動が少し変化してきているように思います。災害ＮＰＯは、大学と一緒になって、こうした地域の地道な防災活動にも参加し、効果を上げていくことができます。

出会い

ＮＶＮＡＤは、一九九五年、阪神・淡路大震災で甚大な被害を受けた兵庫県西宮市に集まったボランティアが結成した西宮ボランティアネットワーク（ＮＶＮ）が母体となって一九九六年に現在の名称となり、一九九八年には兵庫県で第一号のＮＰＯ法人格を取得しました。筆者は、西宮市で救援活動を展開する中で出会い、組織の立ち上げから二五年にわたって関わってきました。現在では、国内外の災害救援・復興支援活動、地域における防災活動を展開するとともに、災害ボランティア活動に対する理解を深めてもらえるようなセミナーを実施しています。筆者が大阪大学大学院人間科学研究科に所属していることから、研究室の学生を中心に学生たちもさまざまな場面でこの団体に関わりながら実践を積み重ねてきました。例えば、二〇〇四年の新潟県中越地震の際には、人間科学部の学生を中心にFromHUSというボランティア団体が結成され、企業の協力も得ながら、この災害ＮＰＯとともに被災地となった新潟県長岡市で活動を展開しました。また、二〇一一年東日本大震災の際には、大阪大学全体で結成された学生サークル「すずらん」を中心に、多くの人間科学部生がこの災害ＮＰＯが準備したボランティアバスに乗って被災地の岩手県野田村に赴いて救援活動を展開しました。

地域の防災マップづくりに参加

共生社会に向けて

　現在では、ＮＶＮＡＤのスタッフが、附属未来共創センターの災害ボランティアラボでアドバイザーを務め、大学および学生との共創活動を展開しています。最近では、人間科学研究科の修了生が勤める株式会社フェリシモからＮＶＮＡＤに寄付された資金をもとに、ＮＶＮＡＤと災害ボランティアラボが協働して、二〇一九年台風一九号で甚大な被害を受けた長野県長野市にボランティアバスを運行し、学生が現地で活動しました。その報告会には、人間科学研究科の教員、学生、そして、行政や企業の方々も参加し、今後の災害救援を介した共生社会の実現に向けて取り組むべき事柄などについて熱心に議論を展開しました。

　災害が発生すれば、災害ボランティアとし

て被災地に行って被災された方々の力になりたいと願う声はよく聞きます。ただ、人間科学部でさまざまな専門知を学ぶ学生たちにとって、被災地に行って災害ボランティア活動に取り組む機会は限られているようにも思います。また、被災した経験をもとに、地域で防災活動に加わってみようと思う学生も多くいると思いますが、その機会は案外少ないようでもあります。そんな時に、OOS協定を締結している災害NPOが身近に存在することで、現場がグッと近くなると思います。今後も附属未来共創センターとNVNADとでさまざまな企画を練っていきますので、参加し体験しじっくりと考える機会にして頂ければと願っています。

（渥美　公秀）

注

（1）コロナ禍に際し、すいすい吹田に参加する学生たちが、地域の高齢者に向けて手紙を発信して交流を継続拡大したことは、マスメディアをはじめ多方面から注目を集めた（渥美　二〇二〇、置塩　二〇二一）。

参考文献

渥美公秀（二〇二〇）「新型コロナウイルス禍後の社会に向けて：二〇二〇年四月」『災害と共生』、四（一）、九五－一〇二頁．

置塩ひかる（二〇二一）「大学生が大学周辺の地域住民と関わることに関する実践的研究」大阪大学人間科学部卒業論文

賓田玲子・置塩ひかる・王文潔・山本栞理（二〇二〇）「大阪府北部地震における災害ボランティアの共創―学生を中心とした「つっぱり棒の会」と「一年のつどい」―」『未来共創』七、二七八－二九三頁．

企業人が地域の子どもたちにかかわる
――ジャトー株式会社

大阪大学オムニサイトパートナーのジャトー株式会社はメディア整備において活躍する企業です。同社との共創は、メディアを活用したプロジェクトだけではありません。社員のみなさんと学校に通い、学習支援を一緒に取り組んでいます。

学校現場におけるメディア対応はまだまだ未整備です。しかしその解決はインターネット環境の整備やタブレットの配布だけでは解決しません。どのような児童・生徒が現場で生活しているのか、それを知ることなしにメディアを持ち込んでも活用されないからです。地域の課題や学びの場の課題を解決するためには、まずは現場に飛び込むべきだと私たちは考えました。

ジャトー社とは？

ジャトー社は、大阪市北区に本拠を置く、音響・映像システムをつくる会社です。創業は一九四六年、現在の従業員は二三〇名ほど。ハードウェアとソフトウェアにヒューマンウェア（人間性）を一体とさせたLIVEWARE（ライブウェア）の発想で、ヒトに優しい、より人間的なモノづくりを目指しています。もともと得意とする音響・映像のみならず、近年では情報・セキュリティー技術を巧みにつなぎ合わせて（Link）、調和のある空間を生み出す（Harmony）ことにチャレンジしています。システムの納入先は、大学やホール、スタジアムなど、公共性の高い場所が中心となっています。

社長の小野謙治さんが私（志水）の高校の後輩ということでおつきあいが始まり、二〇一八年九月にOOSパートナーになっていただきました。

面白いことをやろう！

私が小野社長に持ちかけたのは、「何か面白いことをやりませんか？」ということでした。先行する特定の事例や参考にすべきモデルがあったわけではありません。音響や映像を専門する会社の方々と、教育や子どもを研究対象とする私たちとで、何か面白い、そして社会のためになるような活動を組み立てることができないか、初発の時点で考えたのはそのようなことでした。

そして浮かび上がってきたのが、以下のようなコンセプト。「ジャトーが持つ専門的技術と社員さんの力を、ジャトー社の地元を中心とする、地域の子どもたちの成長に役立てること」です。以来、継続的に一～二ヶ月に一度の定例ミーティングを持ち、ジャトー社と人科のコラボを進めてきました。現在では、ジャトー社の社員二〇名ほどがOOS活動に参加しています。また人科サイドでは、私の研究室、および教育工学が専門の西森年寿先生の研究室メンバー合わせて一〇人あまりが活動に携わっています。

四つのプロジェクト

数回にわたるブレーンストーミングのなかで誕生したのが、「プロジェクト方式」です。双方のメンバーの誰かの発案で、賛同するメンバーがそのチームに参加し、それぞれの活動を展開する。現在、動いているプロジェクトは、①プログラミング、②ジョブシャドーイング、③学習支援、④大阪万博、の四つです。双方からのメンバーは、必ずいずれかのプロジェクトチームに所属します。各チームはそれぞれのペースで活動に取り組み、全体ミーティングで随時その経過や成果を報告し合います。以下、四つのプロジェクトの中身を簡単にご紹介します。

プロジェクト1：プログラミング

西森先生が主導する本プロジェクトでは、プログラミングの初歩を経験するための小学生向けのワーク

ワークショップの様子

ショップを企画・開催しています。二〇一九年度は、キッズエキスポ（南港アジア太平洋トレードセンター）や茨木市郡山小学校などで、合計三回開催しました。

ビジュアルプログラミングソフトのScratchを用い、参加する子どもたちが「もぐらたたき」や「クイズ」のサンプルプログラムからつくりはじめ、最後には自身のオリジナルゲームをつくります。その制作を学生たちがマンツーマンで指導します。ジャトー社が提供するのが、自社で開発したAir Touch Sensor（プロジェクターにより壁面に投影された映像をタッチパネル化できる製品）です。子どもたちが制作したオリジナルゲームを大画面に投影し、タッチやクリックなどの体感型ゲーム操作が可能になる部分を社員が担当します。

以下は、社員からの感想です。「小学生の子たちが九〇分休憩することなく、集中して

制作したゲームを体感操作

ゲームづくりをすること、興味の力に感動した」。「学生たちの子どもに対する接し方、思いを引き出す力に驚かされた」。「子どもたちが自分で制作したゲームを体感操作し、学生さんとの楽しいひと時を過ごすことを間近に見ることができた。Air Touch Sensorを活用していただき感謝」。

プロジェクト2：ジョブシャドーイング

ジョブシャドーイングとは、読んで字のごとく、影のように、仕事をする人にくっついて時間を過ごすことを指します。

本プロジェクトでは、今年度手始めとして、ジャトー社の社員の子どもたちを会社に招き、新入社員の仕事ぶりをシャドーイングする「JATO子ども参観日」を実施しました。子どもたちは、大人の働く姿を見ることで、会社や仕事への理解を深めることができます。また、働くことや働く意義を考えるきっかけともなります。さらに、両親にとっても、家庭での会話を促進し、家族のコミュニケーションや絆を深めることもできます。

子ども参観日は、二〇一九年七月二四日に開催されました。参加した子どもは、小二から中三にかけての一三名です。担当者は次のように振り返っています。「社員や保護者、子どもたち自身も緊張と不安でスタートしたが、時間が経過するにつれ打ち解けていく様子が手に取るようにわかった。会社に子どもがいると、就業中の社員も自然に笑顔になり、社内の雰囲気が変わる。新入社員が子どもたちに自身の業務内容を教えている姿から、社会人経験が数ヶ月しかない彼らの新たな一面を見ることができた。かかわったすべての人々にとって思い出に残る経験となった。」

次のステップは、地元の小中学校と連携し、ジョブシャドーイング活動を展開させていくことです。

ジョブシャドーイングの一場面

ジョブシャドーイングを終えて

プロジェクト3：学習支援

このプロジェクトには、私自身が中心的にかかわってきました。ジャトー社の社員と阪大生がコラボして、地域の子どもたちの学習活動をサポートすること。その思いを地元の大阪市立天満中学校の校長先生にお伝えした結果実現したのが、土曜学習会への参加です。

天満中学校では、コミュニティー・スクール事業の一環として、十数年前から地域の方たちが主体となって中学生たちの勉強を手助けする会を運営してきました。その輪のなかに、私たちのチームが学習ボランティアとして加わることになったのです。二〇一九年度、合計九回にわたり、社員と学生の混成チームがボランティアとして午前中二時間にわたって持たれる土曜学習会に参加しました。私自身も五回ほど、三年生の教室で中学生たちの勉強を見させてもらいました。

定期テストの前などに設定されるこの学習会では、自習が基本となります。各自が持ち込んだ教材をもとに学習を進め、わからないところを学習ボランティアに質問します。参加はエントリー方式で、各学年およそ三〇名程度の参加者があります。先生によると、さまざまな学力レベルの子がエントリーするが、基本的には塾に行ってないが、土曜日に勉強に来る意欲のある子が集ってくるとのこと。三年生の参加者のなかにはネパールからやってきた四人の女子がいました。間もなく府立高校受験、全員が希望校合格を果たしてほしいと願っています。

学習会の様子

プロジェクト4：大阪万博

最後のプロジェクトは、夢にあふれたプロジェクトです。子どもたちが描く明るい未来を共有し、暮らしやすい未来のためのきっかけを得ることを目的としています。二〇二五年に開催される大阪万博において、何らかのワークショップやイベントを開催することを具体的なゴールと設定しています。

二〇二〇年度は、そのための第一段階として、茨木市立豊川中学校区の恒例のイベント（「とよフェス」、二〇一九年度は一〇月三〇日の日曜日に開催）に、「子どもたちが創造する未来」というテーマで「出店」しました。内容は、夏休みに校区の三つの学校（豊川中、豊川小、郡山小）の子どもたちに書いてもらった絵（二〇〇枚程度）を、大型ディスプレーにタッチセンサーで操作してもらうことで映し出すというものです。

当日運営に当たった社員の皆さんの感想です。「子どもたちが描く未来の絵は楽しく、共有する価値のあるものと感じました」。「予想より多くのお客さんがきて、皆さんの反応も良く好評でした。地域貢献ができたと思います」。自分の作品だけではなく、クラスメイトの作品を見る人も多く、また、子どもだけではなく、保護者や先生、祖父母なども見に来てくれていました。先生たちから『来年もやってほしい』という声が聞けてうれしかったです」。

学習会終了後のカレー給食イベント

体育館の舞台のうえで

今後に向けて

四つのプロジェクトは緒についたばかり。企業と大学の研究室が、「子ども」と「地域」をキーワードにコラボの試行錯誤を続けてきました。新しい製品が開発されたわけではありません。優れた論文が産出されたわけでもありません。しかし私たちは、大きな手応えを感じています。これから何が「共創」されていくのか、私は楽しみでなりません。息長く、この活動を続けて行きたいと考えています。

（志水　宏吉）

外国人教育の支援を模索する
――大阪府の教育現場から

大阪大学オムニサイトパートナーには大阪市教育委員会とＮＰＯ法人おおさかこども多文化センターも名を連ねています。また、大阪大学は大阪府と包括連携協定を結んでいます。これらの協定を通じて私たちが取り組んでいるのは、大阪の学校で学ぶ外国人生徒の支援です。大阪大学ならばできることは多々あるはずです。しかし、現実的にはさまざまな制約の中でできないことも少なくありません。私たちはパートナーとともに、まずは「できることからやってみなはれ」の精神で、支援を模索しています。

母語教育の難しさ

大阪府内の高等学校には四〇〇人近くの外国人生徒が通っています。こうした外国人生徒は日常的に日本語で授業を受けています。日本の学校に通っている以上当たり前と思われることかもしれません。ですが外国人生徒の可能性を考えた場合、日本語だけでなく自身の母語を学ぶ機会があれば、両方の言語を習熟した生徒として育っていくことができます。グローバル化を標榜する日本の学校教育において、外国人生徒は可能性のかたまりなのです。

しかし、外国人生徒を対象とする母語教育は全国的に普及しているものではありません。そもそも、母語教育よりも日本語指導さえ十分に行えていない現状にあるからです。

大阪府下の高校ではさまざまな形で母語支援が模索されています。授業への入り込みや放課後の学習支援などが代表的です。支援は、外国人生徒が通う高校がＮＰＯや大学など支援団体にボランティアでのサポーターを募集することからはじまります。

支援団体には大阪大学も含まれます。大阪大学ではさまざまな学部・研究科が、学生や留学生を派遣してきました。未来共創センターでも留学生のボランティア派遣を行ってきました。

こうした事業を通じて見えてきた課題は大きく三つです。まず、そもそもは支援者を大学内で見つけることが難しいパターンです。これには、国際交流協会やＮＰＯといった他団体との連携を通じてサポーター探しを継続します。

次に、派遣される当該言語話者である学生や留学生は、必ずしも言語教育や学習支援を行うことができないという問題です。特に日本の留学生は日本の学校で教えられているカリキュラムを始めてみることになります。こうした課題は、外国人教育に精通した教員や、日本語教育の専門家がレクチャーすることで一定程度解決しうる問題でもあります。

そして、より具体的で解決が難しい問題が「学校との距離」です。大阪府といってもその対象区域は広く、場合によっては大学から二時間以上かかるケースもあります。多くの高校は近隣の支援団体や大学に依頼することでこれをカバーしているわけですが、とりわけ少数言語への対応は難しい状況にあります。少数言語の生徒は話者が少ないぶん孤立しやすく、切実な課題だからこそ大阪大学に依頼が来るわけですが、仮に支援者を見つけたとしても、通うことの難しさからお断りせざるを得ない場合が少なくありませんでした。

こうした課題はなにも大阪だけの問題に限りません。視点を全国に向けたとき、外国人生活者は年々増加しています。過去、外国人の教育問題は都市部に集中して起きていました。それは外国人の就労先が都市圏にあったからです。そうした地域では充分ではないにしても、母語支援のサポーターや通訳者、日本語教育のサポーターを集中させることで課題の解決に取り組むことができます。

それが近年、郊外や地方へ拡大しています。その背景には少子化や地方部の人口流出などが考えられるわけです。こうした地方部における母語教育は、その対応が難しいといった課題が生じています。日本語教育でさえ、その担い手の確保に苦心しています。こうした状況は今後日本全国で課題となっていくことは間違いありません。

遠隔母語教育の実験

そこで、未来共創センターでは遠隔による母語教育を模索しています。第一回目の実験は二〇二〇年一月に行われました。

大阪府立野崎高校の中国人生徒が協力し、大阪大学の中国人留学生との遠隔母語授業にのぞみました。実験ということで、事前に顔合わせを行い、内容は英語の学習を中国語でサポートするものとしました。大阪大学では中国人留学生がパソコンの前に待機します。同じく野崎高校では中国人生徒がパソコンの前に待機します。いずれもタブレット式のパソコンで、タッチペンを使い画面に文字を記入することができます。事前にスキャナをした英語のプリントを共有し、そこに文字を記入していくという仕立てです。

中国人生徒もスマートフォンを利用していることもあり、画面の拡大や縮小などは直感的に行うことができていました。留学生がプリントを中国語、英語、日本語を交えながら説明し、それに中国人生徒が応答します。

実験は三〇分程度。回線も止まることなく英語のプリントを終えることができました。中国人生徒は「中国語で教えてもらうと不思議とわかることが多かったです。日本の先生も授業をわかりやすく話してくれます。ですが「例え」などは日本人生徒向けのものになります。それは中国人の私にはわかりません。今回、発音なども「中国語で言えばアレ」など私にもわかるものでした」といった感想を寄せてくれました。

実験を通じて見えてきたことは、遠隔でも十分支援活動を行うことができるというものです。しかし学校のネットワークでは外部ツールを利用できないことや、ツールやソフトが遠隔授業を想定していないための不都合など、課題も残りました。

日本で楽しく勉強してほしい

ここで紹介した高等学校での支援のほかにも、中学校向けの支援活動も行いました。もっとも大規模なものが二〇一九年七月に実施した、「ようこそ！「ＯＳＡＫＡ多文化共生フォーラム」」です。これは大阪府下の外国人生徒が在籍する中学校に呼びかけ、高校進学をするためのガイダンスです。

会場は大阪府庁にあるホール。数百人がはいるホール内にはテーブルによって島がつくられ、言語ごとのプレートが置かれています。そこに外国人生徒と大阪大学の留学生が着席します。

全体でのアイスブレイクの後、高校入試の制度や高校での生活などが話され、それを留学生が通訳します。実際に高校に通う外国人生徒も登場し、高校での生活を紹介しました。ホール内では、さまざまな言語が飛び交い、交流を深めました。

生徒を引率してきた中学校教員は「普段はうつむきがちで、あまりしゃべらない生徒なのに、母語だとマシンガントークのようになるんですね。誤解していたことが恥ずかしいです」と目を細めながら語っていました。

こうした留学生との交流にはもちろん課題もあります。そもそも日本の高校制度を十分理解していない留学生が、高校入試の制度を説明することが難しいことや、外国人生徒といっても、日本語のほうが得意な生徒もいたからです。

私たちの狙いは、外国人中学生が日本の高校に登校し、大学まで進学してほしいということです。他方で、外国人生徒は必ずしも日本の高校に進学するわけではありません。母国に帰ることもあれば、違う国に行くかもしれません。たとえどのような経路を辿るにしても、大切なことは自分とルーツを同じくする先輩が活躍する姿に触れることにあります。

こうした取り組みはしばしば「ロールモデルを見せる」と語られることがあります。日本の学校に通い、日本語で生活しなければならない生徒のストレスやプレッシャーは計り知れないものがあります。将来の展望が見えにくいということもあるでしょう。外国人生徒はなにをいわなくとも現状すでに頑張っているのです。これを応援し、後押しすることこそが私たちの願いでした。

子どもを中心とした教育にむけて

大阪府におけるこうした母語教育の取り組みは、まずもって現場の先生方が「子どもにとって必要な取り組み」を模索するなかで積み上げられてきたものです。それを大阪の教育委員会が支援することを通じて、これを模索していく過程であるといえます。

この「子どもを中心とする教育」は人権教育の伝統的なスローガンのひとつです。人権教育と聞くとどこか古臭く聞こえるかもしれません。しかし、母語保障は世界的にみれば当たり前に行われている取り組みでもあります。あるいは日本も締結している「子どもの権利条約」には「種族的、宗教的若しくは言語的少数民族又は原住民である者が存在する国において、当該少数民族に属し又は原住民である児童は、その集団の他の構成員とともに自己の文化を享有し、自己の宗教を信仰しかつ実践し又は自己の言語を使用する権利を否定されない」という文言があります。今日の潮流からいえばグローバルスタンダードに準拠した取り組みであるといえます。

とはいえ課題は山積しています。そもそも、日本人教員が外国人生徒にとって母語教育が必要であるという共通理解がなければ、「ＳＯＳ」を発信する人がいません。結果的に、生徒が支援を受けることができません。

遠隔による母語教育を推し進めたとしても、そもそも支援者がいなければ実施することはできません。支援者と外国人生徒をつなぐコーディネータの育成も求められます。遠隔支援制度を作ったとしても、支援者はボランタリーな形で携わるしかないからです。これでは持続的な支援を行うことはできません。

ですが私たちにとってはまずはやってみるの第一歩です。これを継続していくためにＯＯＳパートナーとともに、日々試行を続けています。

（山本　晃輔）

おわりに

私たちのアトリエの風景はいかがでしたか？　楽しんでいただけたでしょうか？

アトリエを拠点として、市民の皆様と私たちがお互いに学び合い、試行錯誤を繰り返しながら、共生という新しいくらしを生み出していこうと共創する姿、いかがでしたでしょうか？　文字通り試行錯誤ですので、共創する姿がそうくっきりと見えてこない場面もあったと思います。また、「ここをもう少しこうすればいいのに」とか、「どうしてここに注意しないのかなぁ」と歯がゆくお感じになられた読者もいらっしゃったことかと思います。コロナ禍がおさまれば、どうかお時間の許す範囲で、私たちのアトリエにお越し頂いて、ご一緒に議論できればと願っております。

「おわりに」を書いておりますす私自身は、志水先生と同じく共生学系のスタッフであり、附属未来共創センターの副センター長を務めて三年目になります。未来共生プログラムでは主に東北での実践的な教育に関わり、共創センターではOOS協定をもとに国内外の方々とつながったり、災害ボランティアラボを担当したりしています。アトリエを支える論理——共生と共創、共生の式、フィロソフィー・サイエンス・アート――については、どれも志水先生にご紹介頂いたことに全面的に賛同しています。そこで「おわりに」では、「はじめに」で紹介された論理に潜む難しさや現場での注意点などを私なりに述べようと思います。

まず、共生と共創は、What と How でした。共生という状態は明らかで、問題は共創だというのは少し早とちりだと思います。例えば、色々な文化的背景を持った人々が共に生きていればいいというのは、一見無条件によいことのように理解できます。ところが、貧困、差別、苦悩、災厄などではどうでしょうか。貧困の人と、貧困ではない人、それぞれ共に生きていればそれでいいのかという問題です。差別される人、差別する人、苦しみ悩む人、苦しみや悩みから解放された人、被災者と被災していない人……ただ共に生きていればそれでいいわけではないと思います。共生社会をどのように描くのか、そして、それをどのように築いていくのか。本書でさまざまに紹介されていた活動が、いったいどのような共生を目指したどのような共創であったのかと振り返って頂ければと願っています。

次に、共生の式は、「A＋B→A'＋B'＋α」でした。先に述べたように共生が多様に描かれるなら、この式にもさまざまな事柄を読み込んでおく必要があると思います。例えば、ここで誰がAやBと名指しするのかという問題があります。Aだと呼ばれたくないとか、あなたにBだと言われる筋合いはないという具合に対立していることもよく見かける話だからです。また、演算子「＋」とは何なのでしょうか？　共創といってもいいようですが、なぜ積を導く「×」ではないのでしょうか？　また、そもそもαとは？　などなど考えたくなる部分はいくらでもあります。

ここでは「'」に着目してみましょう。先ほど、誰がAとBを名指すのかと言いましたが、仮にそこは承認されたとしましょう。そこでこの式を見ると、いくらダッシュ「'」がついても、AはAだし、BはBのように思えてきます。Aは差別する側、Bは差別される側だとしたらどうでしょうか？　Aに「′」程度の変化で済ませてもらっては困る。むしろ差別する側Aはあまり変わっていないように見える。それならA′と書かずにXと書いて（B′と書かずにYと書いて）みましょう。A＋B→X＋Y＋αです。では今度はAを障害のある人、Bを障害のない人と考えて、障害の社会的モデル——障害はその人にあるのではなく、社会にある——を考えます。このモデルによれば、変わるべきは社会であって障害者ではない。だから障害者AはXという具合に変わらなくてもいい（し、もちろんA′にさえ変わらなくていい）わけです。この単純な式も改めて考えてみれば色々なケースが思い浮かびます。議論を一緒に深めて頂ければと思います。

最後に、フィロソフィー、サイエンス、アートという分類です。共創は、フィロソフィー、サイエンスに支えられたアートです。だからここはアトリエと呼ばれています。アートと聞くと技術という風に捉える人から、何か高尚な芸術という風に捉える人まで幅広くいると思います。もちろん何か固定した定義があるわけではありませんが、このアトリエでは、現場の皆様をリスペクトして何かを共同制作していく際の工夫といった意味で使っています。いくらフィロソフィーが緻密であっても、いくらサイエンスとしてデータがそろっていても、現場に強引に持ち込むなど論外。そこには現場の人々、現場の現状や歴史、実にさまざまな事柄へのリスペクトが伴わなければなりません。そして一緒に動いていくときに、何らかの工夫が必要になる。それがアートだと思います。したがって、共生のアトリエで製作している作品は、高く取引されたり、有名な美術館に飾られたりすることを狙っているものではありません。作品にどれだけリスペクトにもとづく共創の跡があるか、その作品が共生社会の実現にどのように役立つか、という点を大切にしています。本書にも市民の皆さんが大切に想ってくださるささやかな作品がいくつか含まれていました。お気に入りを求めていただければと思います。

実は、このアトリエのもとになり、現在は未来共創センターに位置付くプログラム「大阪大学未来共生イノベーター博士課程プログラム」の英語名は、Revitalizing and Enriching Society through Pluralism, Equity, and Cultural Transformation、略称をRESPECTと言います。私たちは、これからもリスペクトの精神を堅持し、このアトリエから共生と共創のアートをさまざまに発信していきたいと思います。

最後になりましたが、本書でもさまざまなアドバイスを頂戴し、著者たちを導いて下さいました大阪大学出版会の川上展代様に、一同深く感謝申し上げます。

渥美　公秀

北大阪朝鮮初中級学校
枚方市保健センター
https://www.city.hirakata.osaka.jp/soshiki/21-10-0-0-0_1.html
特定非営利活動法人おおさかこども多文化センター
http://okotac.org/
とよなか男女共同参画推進センターすてっぷ
http://toyonaka-step.jp/
MASH 大阪
https://www.dista.osaka/
公益財団法人箕面市国際交流協会（MAFGA）
https://mafga.or.jp/
独立行政法人国際協力機構 JICA 関西
https://www.jica.go.jp/kansai/
NTN 株式会社
https://www.ntn.co.jp/
一般社団法人全国自治会活動支援ネット
https://www.nras.info/
一般社団法人　全国寺社観光協会
https://jisya-kk.jp/
一般社団法人　今井町大和観光局
http://imaicho-yamato.or.jp/
一般社団法人　地域情報共創センター
https://riccc.net/
新安世紀教育安全科技研究院
岩手県野田村役場
http://www.vill.noda.iwate.jp/
パナソニックホームズ株式会社
https://homes.panasonic.com/
中銀インテグレーション株式会社
http://www.nakagin.co.jp/
共和メディカル株式会社
https://kyowa-gr.jp/
特定非営利活動法人北いわて未来ラボ
http://www.mirailab.net/
認定特定非営利活動法人日本災害救援ボランティアネットワーク
http://www.nvnad.or.jp/
吹田市社会福祉協議会
https://www.suisyakyo.or.jp/
ジャトー株式会社
https://www.jato.co.jp/
大阪市教育委員会
https://www.city.osaka.lg.jp/kyoiku/

大阪大学大学院人間科学研究科附属未来共創センター及び未来共生イノベーター博士課程プログラムでは、今回執筆・協力いただいた団体以外にも、全国の共生・共創に携わる方々にご助力をいただき運営しています。ここに記して感謝の意を申し上げます。

執筆者・協力団体一覧（いずれも2021年3月現在）

山中　浩司　大阪大学大学院人間科学研究科教授（附属未来共創センター・センター長）
志水　宏吉　大阪大学大学院人間科学研究科教授（同上・前センター長）
渥美　公秀　大阪大学大学院人間科学研究科教授（同上・副センター長）
稲場　圭信　大阪大学大学院人間科学研究科教授
榎井　　縁　大阪大学大学院人間科学研究科特任教授
中野　良彦　大阪大学大学院人間科学研究科准教授
岡田千あき　大阪大学大学院人間科学研究科准教授
中村　瑛仁　大阪大学大学院人間科学研究科講師
安元　佐織　大阪大学大学院人間科学研究科講師
木村　友美　大阪大学大学院人間科学研究科講師
神田麻衣子　大阪大学大学院人間科学研究科特任講師
石塚　裕子　大阪大学大学院人間科学研究科特任講師
平尾　一朗　大阪大学大学院人間科学研究科特任助教
宮前　良平　大阪大学大学院人間科学研究科助教
今井貴代子　大阪大学社会ソリューションイニシアティブ特任助教
織田　和明　大阪大学大学院人間科学研究科附属未来共創センター研究員
山本　晃輔　大阪大学大学院人間科学研究科附属未来共創センター招聘研究員
山田　勝治　大阪府立西成高等学校校長
https://www.osaka-c.ed.jp/nishinari/
横木　那美　公益財団法人笹川平和記念財団研究員
https://www.spf.org/
小林　　碧　Minamiこども教室コーディネーター
山野上隆史　公益財団法人とよなか国際交流協会事務局長
https://a-atoms.info/
藤本　伸樹　一般財団法人アジア・太平洋人権情報センター研究員
https://www.hurights.or.jp/
金城　　馨　関西沖縄文庫主宰
http://okinawabunko.com/
宋　　　悟　特定非営利活動法人クロスベイス代表理事
https://www.cross-base.org/

宮城県南三陸町のみなさま
宮城県気仙沼市のみなさま
岩手県野田村のみなさま
豊中市桜塚校区福祉会小さなくりの木会
特定非営利活動法人ウィズアス神戸ユニバーサルツーリズムセンター
http://npo-withus.org/
公益財団法人公害地域再生センター（愛称：あおぞら財団）
http://aozora.or.jp/
大阪市港区役所
https://www.city.osaka.lg.jp/minato/
認定特定非営利活動法人こどもの里
https://www.eonet.ne.jp/~kodomonosato/
しょうないガダバ

共生社会のアトリエ
—大阪大学大学院人間科学研究科 附属未来共創センターの挑戦

発行日　2021年3月31日　初版第1刷発行　［検印廃止］

編　者　大阪大学大学院人間科学研究科附属未来共創センター

発行所　大阪大学出版会
代表者　三成 賢次

〒565-0871
大阪府吹田市山田丘2-7　大阪大学ウエストフロント
電　話：06-6877-1614（代表）　FAX：06-6877-1617
URL：http://www.osaka-up.or.jp

印刷・製本　尼崎印刷株式会社

ISBN 978-4-87259-730-1 C3036